湖北省长城资源调查工作报告

湖北省文化厅古建筑保护中心
武汉大学历史学院考古系　编著
华中师范大学历史文化学院

文物出版社

责任印制：张　丽

责任编辑：李　东

图书在版编目（ＣＩＰ）数据

湖北省长城资源调查工作报告 ／ 湖北省文化厅古建
筑保护中心，武汉大学历史学院考古系，华中师范大学历
史文化学院编著． —— 北京 ：文物出版社，2013.12
　　ISBN 978−7−5010−3906−7

　　Ⅰ．①湖… Ⅱ．①湖… ②武… ③华… Ⅲ．①长城 −
调查报告 − 湖北省　Ⅳ．①K928.77

　　中国版本图书馆CIP数据核字(2013)第277665号

湖北省长城资源调查工作报告

编　　著　湖北省文化厅古建筑保护中心
　　　　　武汉大学历史学院考古系
　　　　　华中师范大学历史文化学院

出版发行	文物出版社
社　　址	北京市东直门内北小街 2 号楼
网　　址	www.wenwu.com
邮　　箱	web@wenwu.com
制版印刷	北京图文天地制版印刷有限公司
经　　销	新华书店
开　　本	889×1194　1/16
印　　张	12
版　　次	2013年12月第1版
印　　次	2013年12月第1次印刷
书　　号	ISBN 978−7−5010−3906−7
定　　价	180.00元

《湖北省长城资源调查工作报告》
编 撰 委 员 会

序　言

　　长城是世界历史上工程量最大、修筑时间最长、跨越地域最广、体系最完整的冷兵器时代的军事防御工程。作为中华民族精神与力量的象征，它凝聚着历代劳动人民的智慧和血汗，是屹立在中华大地上一座不朽的历史丰碑，是镌刻在人类文明史册的精彩杰作。然而，长期以来由于认识水平有限和区域分布范围广泛等原因，其家底始终没有摸清，严重制约了长城保护政策法规的出台和执行，严重影响了具体保护计划、措施的制定和实施，成为长城保护、研究等工作深入开展的瓶颈。为此，在国务院领导的重视下，在国家有关部委、地方各级政府的支持下，2006年国家文物局启动了"长城保护工程"。

　　全国长城资源调查是落实国家《长城保护工程（2005-2014年）总体工作方案》十年计划的第一步，是有史以来规模最大的长城专项调查，属于国情国力调查项目。范围涉及北京、内蒙古、湖北等14个省、市、自治区。目标是争取用较短的时间摸清长城家底、建立健全相关法规制度、理顺管理体制，在统一规划的指导下，科学安排长城保护维修、合理利用等工作，并依法加强监管，从根本上遏制对长城的破坏，为长城保护管理工作的良性发展打下坚实基础。

　　根据国家长城办的部署，我省2008年初被列入长城资源调查范围。为确保工作质量，省文物局联合省测绘局成立了高规格的领导小组，并组建了由武汉大学考古系、华中师范大学历史学院、省古建中心专业人员构成的调查队。在国家长城办的指导下，在省文物局的高度重视和关心下，在十堰市文物局以及相关县区文物部门的大力配合下，经过全体调查队员3年多的艰辛努力，按期高质量圆满完成了田野调查，考古发掘确认，资料数据整理、汇总建档等各项既定任务，工作方法及成果得到了国家长城办领导和有关专家的高度认可与肯定，并于2011年9月18日，通过国家长城资源调查工作项目组组织的国家级验收。

湖北长城资源调查在采用传统的文物调查手段和方法的基础上，充分运用了地理信息技术和现代科学测量手段，共登录长城墙体 20 段 9058 米，关堡 22 个，敌台 9 个，铺房 5 个，烽火台 2 个。全面准确地掌握了湖北早期长城的规模、分布、走向、结构及保存状况、自然与人文环境、保护与管理状况等基本信息，获得了包括文字、照片、录像在内的大量基础资料。虽然湖北长城由于缺乏考古证据暂时难以最终确认，但目前调查所取得的各项成果，无疑是今后研究鄂西北地区线性文化遗产最完整、最翔实、最珍贵的历史资料，为今后我省进一步开展长城保护、研究、管理、利用等工作奠定了坚实的技术基础。同时，通过此次长城资源调查，我们还锻炼了队伍，培养了一批长城研究、保护方面的专业人才，他们将成为我省长城保护和管理方面的骨干力量。

　　《湖北长城资源调查工作报告》作为湖北长城资源调查的科学汇总，凝聚了湖北长城保护者历年来的心血和智慧，是集体劳动的结晶，该书从专业性、知识性和普及性的角度，以翔实的内容，凝练的文字，精美的图片，准确、全面地介绍了湖北长城资源保护和研究方面所取得的成就。不仅为下一步长城保护提供了基础资料，而且对加强湖北长城资源宣传，促进全省文化遗产保护，具有积极的推动意义。

湖北省文化厅副厅长　湖北省文物局局长

沈海宁

目　录

图 版 目 录

第一部分

概述

一、湖北省长城地理环境概况

（一）湖北省长城分布地区的自然地理与地貌特征

湖北省长城资源主要分布在湖北省十堰市辖区，其地理位置跨东经109° 29′至111° 16′、北纬31° 30′至33° 16′。该地地处秦巴山脉腹地，主要由三个山系构成：秦岭山脉东段延伸到该市北部，武当山位于该市中部，大巴山的东段横列于该市南部。这些山脉多由变质岩和石灰岩构成。全市地势南北高，中间低，自东北向西南倾斜。山高坡陡，河流纵横，落差较大，水流湍急，水资源丰富。本地区长城资源较丰富的区域分别为：竹溪县、竹山县、房县、郧西县、郧县、丹江口市、张湾区。它们的地质地貌特点分别是：

竹溪县：竹溪县地处大巴山东段余脉北坡，地势南高北低，西高东缓，山峦叠嶂，河谷幽深。

竹山县：竹山县地势由西南向东北倾斜，境内各山体由武当山系和大巴山系构成，其特点是高差大、坡度陡、切割深。

房县：房县介于大巴山和武当山之间，地势西高东低，南陡北缓，中部呈盆地形式。

郧西县：郧西县地处鄂西北边陲，地形略呈狭长地带，地势西北高、东南低，地扼秦楚要冲。

郧县：郧县地处秦岭、大巴山东延余脉之间，地形以丘陵、低山为主，地势由西北、西南向中部倾斜，汉水横贯其中。

丹江口市：丹江口市地处秦岭山系，汉水中上游，主要山脉有武当山和横山两条。

张湾区：十堰市张湾区地处南接武当山，北临秦岭山脉的中间地带。

（二）历史沿革及文物价值评估

1. 历史沿革

长城，是古代利用山川险要之地修筑的长距离的防御性的屏障，它往往由城垣、烽火台、关隘、城门、石寨等要素构成。

长城由早期城、堡发展而来，修筑历史可以上溯到公元前9世纪的西周时期。周王朝为了防御北方游牧民族猃狁的袭击，曾经筑有连续排列的城堡以作防御。

战国时期有魏国的西河长城、赵国的漳水长城、中山国的西部长城、燕国的易水长城、齐国的泰山长城。现在北方万里长城的基础主要是先秦的燕、赵、秦的长城。到秦朝时，蒙恬连接长城，以防塞外的"胡人"。西汉在居延到敦煌修筑了河西长城，汉武帝在蒙古高原增修了长城。

楚国自熊勇元年（前847年）有确切纪年之始到王刍五年（前223年）的六百多年里，用于军事防御的长城、关隘逐渐形成了完整的楚长城体系。

楚国自武王时开始征伐周边诸侯国，至文王时先后灭掉权、州、蓼、曾、邓、申、息等国，楚国这时的政策是"兼人之国，修其国廓，处其廊庙，听其钟鼓，利其资财，妻其子女"（见《马王堆汉墓帛书·经法·国次》）。楚成王十六年（前656年），楚与齐等诸侯国订立召陵之盟时，楚大夫屈完对齐侯说："楚国方城以为城，汉水以为池。"说明楚为逐鹿中原控制中国，防备晋、齐的进攻，已在北方边境地区修筑一系列的城堡，或称列城。《汉书·地理志》南阳郡叶县条："叶，楚叶公邑。有长城，号曰方城。"

2. 价值评估

据专家考证，春秋时期楚国利用自然山岭和河堤筑墙，将列城连接成矩形的防御体系。战国时代，为了对付列强特别是秦国的进攻，楚国又不断将方城扩大，使之更加完整巩固。

充满智慧、勤劳勇敢的鄂西北先民们，依靠这一地区山高坡陡、地势险峻的客观环境，沿着大巴山—武当山—秦岭—横山诸山系及其余脉上修筑起一道绵延不绝的人工防御体系：湖北省鄂西北古长城。

二、湖北省长城资源调查概况

（一）湖北省以往长城调查、研究情况

对湖北省长城资源的调查始于20世纪80年代的第二次文物普查，其重要调查区域为鄂西北地区。据《竹溪县文物普查资料汇编（概况、照片、绘图一览表）》中"秦楚古军事防御工事（暂定名）"这一词条介绍："秦楚古军事防御工事（暂定名）"，1983年，郧阳地区文物普查时进行了调查后并多次复查，发现多处城垣遗存，全部采用不规则青色长形、方形石板干垒砌而成，凡至道路口均设城楼、哨卡。其中保存明显的有六处：铁桶寨、王家沟、关垭子、柳树垭、火龙垭、梓桐垭。这些防御工事在竹溪县城西北约45公里处，分布在与陕西省旬阳县、平利县、湖北省竹山县交界的龙坝区、中峰区、鄂坪区一带，呈南北走向，南起与陕西省平利县交界处的鄂坪区天宝乡堰青村梓桐垭，北至陕西省旬阳县铜钱关、湖北省竹山县得胜区大庙乡铁炉沟交界的铁桶寨。蜿蜒曲折，断断续续，全长约180公里。可能延至河南境内。城垣遗址当属何时何国所建，是秦城或楚城，因无准确的文献记载和准确的实物佐证，故暂难定论。但此地素有"朝秦暮楚"之故的由来，秦楚兵家必争之地，又具有此事实，有待考古界探讨研究，做出完整、准确的结论[1]。

2001年冬，由湖北省文物考古研究所、武汉大学历史系荆楚史地研究所和十堰市博物馆、竹山县博物馆等联合组成"楚长城"遗址调查工作队，对竹溪、竹山两县境内的古长城遗址进行了专项考古调查，沿途经过了竹溪县蒋家堰、鄂坪、龙坝及竹山县竹坪、大庙、得胜等6个乡镇共15个村组，调查遗址点共计26处，包括了以往有关"楚长城"报道所涉及的全部文化遗址，并

---

〔1〕 郧阳地区博物馆：《竹溪县文物普查资料汇编（概况、照片、绘图一览表）》（1985年内部资料）

有 11 处为新发现。26 处遗址中,有 21 处遗址分布在今鄂、陕两省省界分界线所处的山岭(简称"界岭")上。按主体遗存的形态及属性又可将遗址分为长城墙体(26 处)、关堡(21 处)、单体建筑(16 处)三类。

2001 年的专项调查主要是寻找"楚长城",通过调查,对竹溪、竹山县境内鄂陕界岭一线古城墙遗址的主要收获是:第一,初步了解了古长城遗址的基本分布,确定历史时期曾修筑有长城,且在形态构造上,有其独特之处。第二,对这一线长城遗址的年代做了部分工作。调查队在部分遗址进行了试掘,但仅发现明清时期遗存,东周至秦汉时期的物质遗存不太明显。同时也指出,这一线局部地区保存的古城墙遗址,不可能是一条全线规模的统建长城,多属区域性的治安或军事防御性设施。[1]

(二)本次长城资源调查的背景和实施情况

为摸清全国长城资源的家底,切实做好长城的长远保护,2007 年 4 月,根据《"长城保护工程(2005~2014 年)"总体工作方案》(以下简称"《方案》"),国家文物局决定启动长城保护工程。《方案》决定,自 2007 年始,在试点省经验的基础上,全面开展长城资源调查。2008 年湖北省被列入长城资源调查范围。本项目自 2009 年 4 月 1 日正式启动,田野调查分为四个阶段进行:

第一阶段:调查工作于 2009 年 4 至 5 月展开,区域主要集中在竹溪县、房县、郧西县、郧县。调查工作人员分南北两个小组。南组负责竹溪、房县,竹溪境内由南至北,经过两乡镇四村 8 个遗址点,其中包括鄂坪乡的梓桐垭,蒋家堰镇龙阳村的七里寨、柳树垭,关垭村的山堡寨、关垭、擂鼓台,蔓菁村的王家沟,共计 3 个关、5 段墙体、4 个敌台。房县调查了门古寺镇马家河村的秦王寨和清安寨。北组主要负责郧西县、郧县地区,郧西县自西向东共经过两乡镇三村 4 个遗址点,其中包括湖北口乡湖北口村的湖北口关,虎头岩村的白山寨、虎头岩、小寨子,共计 3 个关堡、2 段墙体。郧县调查了鲍峡镇大堰沟村三组的香炉寨。

第二阶段:调查时间从 2009 年 10 月 27 日至 11 月 8 日,区域集中于竹山。从竹山西北的竹坪乡开始,往北至大庙乡,再向东调查至得胜镇。调查完西北部的三个乡镇之后,另对东部文峰乡的皇城山进行了调查。据初步统计,共计调查了 4 乡(镇)8 村 13 个遗址点,其中与长城资源相关的,有墙体 12 段、关堡 7 个、铺房 3 个、敌台 5 个、庙 1 个。由于调查需要,在大庙乡梭子

表一 湖北省长城资源调查遗址点

县(市/区)	乡(镇)	村	遗址点	主要收获	调查时间
竹溪	鄂坪乡	梓桐垭村	梓桐垭	1 关堡	2009.4.25
	蒋家堰镇	龙阳村	七里寨	1 墙、2 敌台	2009.4.28
		秋沟村	柳树垭	2 墙、1 关堡	2009.4.30
		关垭子村	山堡寨	1 敌台	2009.5.1
		关垭子村	关垭	1 关堡	2009.5.2
		关垭子村	擂鼓台	1 敌台	2009.5.3
		蔓菁沟村	王家沟	2 墙	2009.5.5

---

[1] 关于此次调查情况,可参考:湖北省"楚长城"遗址考古调查队:《湖北省竹溪、竹山两县境内古长城遗址考古调查工作报告》(竹溪县文化馆馆藏资料,2001 年 12 月);王贵超:《寻找"楚长城"》,《地图》2003 年第 7 期。

县（市/区）	乡（镇）	村	遗址点	主要收获	调查时间
房县	门古寺镇	马家河村	秦王寨	1关堡	2009.11.9
		马家河村	清安寨	1关堡	2009.11.10
郧西县	湖北口乡	湖北口村	湖北口关	1关堡、1墙	2009.4.24
		虎头岩村	白山寨	1墙	2009.4.25
		虎头岩村	虎头岩	1关堡	2009.4.26
		虎头岩村	小寨子	1关堡	2009.4.27
	上津镇	上津镇	上津古城	1烽火台、1关堡	2009.5.4
郧县	鲍峡镇	大堰沟村	香炉寨	1关堡	2009.10.29
竹山	竹坪乡	六合村	老龙寨	1关堡	2009.4.25
		六合村	铜钱关	无城墙	2009.10.30
		六合村	三里沟	1关堡、1铺房、2墙、2敌台	2009.10.30
	大庙乡	铁炉沟村	铁炉沟	2墙、1关堡	2009.11.1~2
		梭子沟村	梭子沟	2墙、1关堡、1敌台、1铺房	2009.11.2~3
		浧泗沟村	蚂蝗沟	2墙、1关堡、2敌台	2009.11.3
		浧泗沟村	浧泗沟	2墙	2009.11.4
		鲁家坝村	天宝寨	1关堡	2009.11.6
		鲍家河村	两省寨	1关堡	2009.11.4
	得胜镇	界岭垭村	界岭垭	无墙	2009.11.5
		界岭垭村	二虎寨	2墙、1铺房	2009.11.5
		界岭垭村	娘娘庙	1庙	2009.11.5
丹江口	习家店镇	青塘村	五虎寨	1关堡	2010.3.19
	大沟乡	曹家店村	铜锣寨	1关堡	2010.3.21
	凉水河镇	檀山村	寨山	1关堡	2010.3.22
张湾区	张湾区	牛头山公园	牛头山长城	1墙、1关堡、2铺房、1烽火台	2010.4.2
	汉江街道办	刘家村	潘家寨	1关堡	2010.4.9
	西沟乡	长平塘村	红岩寨	1关堡	2010.4.9

沟大屋脊的西北，调查组深入到陕西省境内旬阳与白河两县界岭之上，对"大石门沟长城"的东南段城墙进行了调查。

第三阶段：于2010年3至4月开展，主要调查区域为丹江口市和十堰市。丹江口市自西向东分别调查了三乡（镇）3村的3个遗址点，其中包括习家店镇青塘村的五虎寨，大沟林业管理局曹家店村的铜锣寨，凉水河镇檀山村的寨山，共计3处堡。十堰市区内我们主要调查了张湾区牛头山石墙遗址、汉江街道办刘家村的潘家寨、西沟乡长平塘村的红岩寨，共计1段墙体、3处堡、2个铺房、1个烽火台。

第四阶段：2010年5月至2011年6月，为了寻找能够证实湖北长城的证据，我们在湖北省文物局的主持下，邀请湖北省内的楚学、历史文献学、考古学、历史地理学等专家专题研究确定寻找证物可能性的地点。根据专家的指导意见，我们先后在竹溪县的关垭、黄石头汉墓，竹山县的皇城山，郧西县的白山寨，丹江口市的铜锣寨、古寨山等六个点进行了考古发掘（详见附件）。

本次调查基于前人成果，旨在认真贯彻落实国务院颁发的《长城保护条例》（2006年9月颁布实施）和《"长城保护工程（2005~2014年）"总体工作方案》（2005年11月公布），切实做好实地勘察，做好记录、照相、绘图、数据采集等工作，建立一个完备的资源数据库，为长城的长远保护与研究打下基础。

第二部分

湖北省长城资源调查主要成果

一、湖北省长城保存的基本现状

（一）长城分布与走向

从调查结果看,湖北省长城资源主要分布于鄂陕、鄂豫的交界地带。涉及的县市主要有竹溪县、竹山县、郧西县、郧县、丹江口。另外分布于湖北省内部的长城遗迹主要涉及房县和张湾区。各区县的长城分布区域与临县关系及分布范围分别是：

竹溪县：竹溪县位于大巴山脉东段北坡,十堰市西南部,东临竹山县,南依重庆市巫溪县,西与陕西省的镇平县、平利县、旬阳县接壤。地理坐标跨于东经109°29′~110°8′、北纬31°32′~32°22′之间。在该县西部长达65公里的"界岭"之上,南北向分布着许多线性长城防御建筑遗存,包括墙体、关、敌台、瓮城、山寨等。从行政区划而言,自南向北,它们集中分布于竹溪县中部偏北的鄂坪乡、蒋家堰镇。

竹山县：竹山县位于湖北省十堰市的西南部,东邻房县,北接郧县,西北临陕西省白河县,西依竹溪县、陕西省旬阳县,南靠神农架林区、重庆市巫溪县。地理坐标跨于东经109°32′~110°25′,北纬31°30′~32°37′之间。在长达70公里的"界岭"之上,东西向分布着许多防御性建筑遗存,包括长城墙体、关、敌台、铺房等类。还有山寨、寺庙等。从行政区划而言,自西向东,它们集中分布于竹坪乡、大庙乡、得胜镇。

房县：房县位于湖北省十堰市中部,北临十堰市茅箭区,东接保康县,南邻神农架林区,西壤竹山县。地理坐标跨于东经110°03′~111°15′,北纬31°34′~32°30′之间。在房县的大山之间分布着十数座堡类遗迹,其中以秦王寨堡、清安寨堡比较典型。

郧西县：因位于郧县以西而得名。素有"秦头楚尾"、"秦楚会商"之称。位于湖北省和十堰市的西北部,北临陕西省商南、山阳、镇安三县,东接郧县,南邻陕西省的白河县,西壤陕西省旬阳县。地理坐标跨于东经109°28′~110°40′,北纬32°47′~33°14′之间。在郧西县北部与陕西省镇安县的交界带上南北分布着白山寨、虎头岩等数座防御性建筑遗存,包括长城墙体、关、烽火台等类。就行政区划而言,他们集中分布于河夹镇、湖北口乡。

郧县：郧县位于湖北省十堰市的北部,北接陕西省山阳、丹凤二县,东临河南省淅川县,南依湖北省竹山县、十堰市区和丹江口市，西靠湖北省郧西县和陕西省白河县。其地理坐标跨于东经110° 08′ ~111° 15′，北纬32° 36′ ~33° 15′之间。在郧县与陕西省丹凤县之间坐落着数座堡类遗迹。

丹江口市：丹江口市位于湖北省十堰市的北部，北接郧县与河南省的淅川县，东临湖北省老河口市，南依房县、谷城县，西靠茅箭区。地理坐标跨于东经110° 47′ ~111° 34′，北纬32° 14′ ~33° 58′之间。其中，在丹江口市与河南省的淅川县之间的崇山峻岭间，自南向北零星分布着大大小小十余座堡类遗迹。就行政区划而言，他们集中于习家店镇、大沟林业管理区和凉水河镇。

张湾区：张湾区位于湖北省十堰市中北部，北临郧县，东接丹江口市，南邻茅箭区、房县，西壤竹山县。地理坐标跨于东经110° 27′ ~110° 56′，北纬32° 23′ ~32° 46′之间。在张湾区西部大山之间分布着数座关堡、单体建筑遗迹，其中以牛头山、潘家寨、红岩寨较为典型。

（二）长城本体与相关遗存保存现状

1. 竹溪县

竹溪县涉及长城遗存的乡镇主要有鄂坪乡和蒋家堰镇，遗存自南向北依次介绍如下：

（1）梓桐垭关（420324353101190001）

梓桐垭关位于鄂坪乡梓桐垭村南部两公里的东西向鄂（竹溪县）陕（镇坪县）界岭之上。北为鄂坪乡王家河流域，南有镇平县南江河的洋溪流域。此关建在一个山垭之上，东2.5公里处有半天云山（海拔1599米），西部1公里处为三县（竹溪县、镇坪县、平利县）分水岭交点（海拔1573米），两侧地势高，仅此垭口可以通过（图一）。垭口处地理坐标为东经109° 33′ 17″，北纬32° 13′ 15″，海拔高程1257米。

梓桐垭关设于垭口两侧，平面布局为矩形，长12米，宽2米，方向北偏东50°（图版一）。现仅存东北和西南两侧关墙，东北关墙分上、下两层，上层石墙长2米，宽1.8米，高0~0.3米，在石墙面向过道一侧的中部有石孔，疑似早期架设横梁所用；下层长1.7米，宽2.1米，高0~0.3米（图版二）。西南关墙长2.3米，宽2米，高0~0.8米（图版三）。附近有大量的坍塌的砖瓦堆积。试掘西南关墙的北侧发现，堆积最深处厚约0.8米。砖瓦系明清时期建筑材料（图版四）。

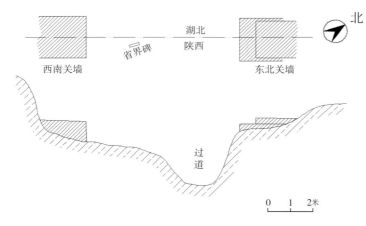

图一　梓桐垭关平剖图（西—东）

两关墙间距7米，中间为一条东南—西北向的过道，东北关墙的最高点距离过道的高度为2.8米。

梓桐垭关两侧的山脊之上，有战壕遗迹，东南一侧长约300米，西南一侧长约500米。战壕修于湖北省一侧，湖北省一侧坡度较陕西省陡，是选择此处修筑战壕的有利条件之一。梓桐垭关位于鄂、陕交界的重要通道，也是兵家必争的要塞。

（2）七里寨石墙（420324382102190005）

七里寨石墙位于蒋家堰镇龙阳村四组西部，东为洞沟河流域，西为坝河支脉大磨沟。七里寨石墙由 2 个敌台、1 段石墙构成，遗迹主体位于鄂陕界岭东侧的湖北省境内，整体方向为南北方向。2 敌台分别为南、北敌台，在南敌台北侧附近，有一段石墙。由南至北，遗迹的基本情况分述如下：

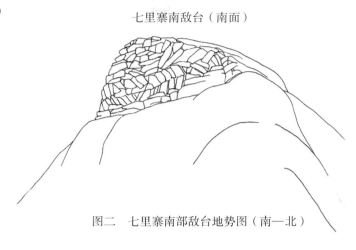

七里寨南敌台（南面）

图二　七里寨南部敌台地势图（南—北）

①南敌台：依山势筑成的高台，圆形，面积约 15 平方米。东、南、北三面无墙，仅西边石块垒砌，墙高 2.5 米（图二；图版五）。此敌台中心地理坐标为东经 109° 31′ 44″，北纬 32° 15′ 54″，海拔高程 1365 米。此次调查在南敌台西侧进行了试掘，试掘坑面积为 1×1 平方米，腐殖质层下为黄色土层，深挖至 0.5 米处见山体岩石，未见明显遗物。

②城墙：紧挨南敌台北侧，大致南北走向（北偏东 10°），墙体长约 43 米，宽 0.8~1.2 米，残高 1~2 米（图版六）。石墙向北地势下降至山腰消失，向北主要凭借山险为防。山险东侧仅能容一人通过，西侧则无法行人。山险长度大约 300 米，其北部与北敌台相连。

③北敌台：位于一座小山顶部，四周险峻，仅南侧可攀岩而上。敌台大致呈圆形，面积约 60 平方米。由于地势陡峭，四周石墙坍塌严重（图版七）。在圆形敌台南侧有一道石墙，长 5 米、宽 0.5 米、高 0.2 米。此地的地理坐标为东经 109° 31′ 45″，北纬 32° 16′ 03″，海拔高程 1338 米。

图三　七里寨长城地势图

七里寨石墙的南、北敌台各据一座山顶，直线相距约 300 多米，遥相呼应。在南敌台附近，尚有一段石墙（图三）。从地势来看，七里寨石墙一线更利于观察西侧的七里沟，而观察、防范的重点又在南边敌台和石墙。七里沟原为鄂陕交通要道。七里寨的地势，便于观察两省过往人群。南敌台地势最高，更是有利，加之有一堵石墙，对敌人来犯也是一个极好的防护。北敌台除能用于观察以外，由于山顶较平，面积较大，可修住所。

（3）柳树垭关（420324353101190002）

柳树垭关位于蒋家堰镇秋沟村四组西部，东为秋沟流域，西为坝河支脉南河流域，南距七里寨 6.5 公里，北距山堡寨约 1 公里。北部约 5 公里范围之内有关垭、擂鼓台、王家沟（图四、图五），这一线是竹溪县长城遗迹点最多，分布最为密集的区域，处在鄂陕交界最为重要的交通要道两侧。

柳树垭处在竹溪县蒋家堰镇与陕西省平利县长安乡东部界岭上，垭口设关，两侧修墙，长城

图四　柳树垭长城平面图　　　　　　　　　　　图五　柳树垭长城地势图

遗迹由关和南、北城墙构成，基本呈南北走向。

①关：处于山垭之间，关墙宽约 1.7 米，进深 1.5 米，墙体坍塌，仅存高度 0.2~0.5 米。地理坐标为东经 109° 30′ 05″，北纬 32° 19′ 03″，海拔高程 830 米。

②南段石墙：城门处（南墙北端点）仅存宽 1~1.5 米、高 0.2 米的石墙，宽度向南呈逐渐缩小趋势，基本保持在上宽 0.5 米、下宽 0.7~1.2 米、高度约 0.4 米，整个南段石墙的长度约 50 米。在石墙的南端，发现有一个长 2 米、宽 1.5 米、深 1 米的石砌坑，据当地居民介绍，此为解放战争时期的战壕遗迹。南段城墙南端点的地理坐标为东经 109° 30′ 04″，北纬 32° 19′ 02″，海拔高程 840 米。

③北段石墙：城门处（北段南端点）宽 1.5 米、高 0.5 米，向北凭依山势逐渐增高，可见残存地面的上宽约 0.5 米、下宽 0.8~1.2 米、高 0.4~0.5 米的矮墙。由于植被生长、风化侵蚀、人为拆毁，很多地段仅见石墙残痕。整个北段石墙的长度约为 70 米，南~北向，东北端点的地理坐标为东经 109° 30′ 05″，北纬 32° 19′ 05″，海拔高程 857 米。

柳树垭关与城墙损毁严重，残存规模很小。据 1983 年的调查资料显示，当时城墙长约 300 米、宽约 1.2 米、高 0.4~0.7 米，南端有长约 5 米、宽约 4.5 米，墙高 1.2 米的城楼，在城垣附近还有一个 100 平方米的屯兵操演场。如今，墙体的长度、高度都已不及当年。屯兵操演场应位于城墙的南侧较为平坦的山脊之上，如今草木繁盛，很难确定具体范围。很大程度与柳树垭海拔高程低、地处人口密集分布区、人类活动频繁、植被生长、流水侵蚀等对墙体造成的破坏有关。据当地人介绍，20 世纪二三十年代前柳树垭石墙可达 2 米余高，解放战争时国共双方在此广修战壕拉锯作战，60 年代后由于垦荒修坡，对石墙破坏都十分严重。

另外，我们对南端战壕坑和石墙南端东侧进行了发掘，发现腐殖质层下有一层耕土层，耕土中含有很多粉石块，无陶片。

在柳树垭关南侧，有崇山峻岭，海拔都在 1000 米以上，防御可凭自然山险，山垭之处有秋沟垭。秋沟垭位于柳树垭南侧直线距离不足 1.5 公里处，"东西走向，不规则的青石垒砌而成，长约 18 米，宽 2~4 米，残高 2.5 米。"[1] 北侧有山堡寨敌台、关垭瓮城、擂鼓台敌台、王家沟石墙，是

〔1〕国家文物局：《中国文物地图集·湖北分册》，西安地图出版社。

基于自然山势所构建的一道完整的防御带。

（4）山堡寨敌台（420324352101190003）

山堡寨位于蒋家堰镇关垭子村六组鄂陕界岭一个小山顶上，东为关垭子村，属竹溪河流域，西为陕西省平利县平安乡，属坝河支流南河流域，南部不足1公里处为柳树垭，北部1公里处为关垭。

山堡寨为一座敌台，处在南北向的山脊之上（图六；图版八）。山顶周围用石头垒砌一圈，略呈圆形，构成第一层平台，地势平坦，面积约1000平方米。平台上建有一个方形二层台，此二层台大约北偏东10°，南北长25米，东西宽17米，二层平台的南、西、北三面残存的墙体与平台同高（图七；图版九），其东部石墙保存较好，最高处内高2.5米，外高3.5米左右，墙上有射孔（图版十）。二层方形平台上的中心点的地理坐标为东经109°30′08″，北纬32°19′30″，海拔高程940米。二层方形平台上可见布纹瓦、青灰火砖、陶瓷片等遗物。在此二层台上的西南一角，有一个长约7米，宽5.5米，高1米的高台，外侧采用石头垒砌，内

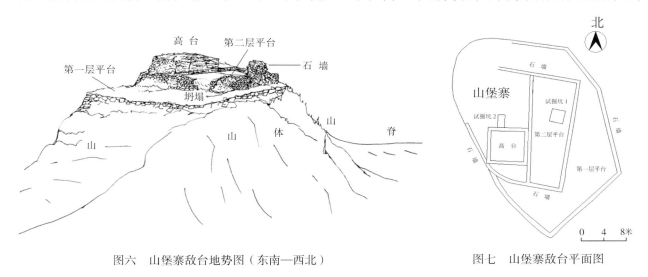

图六　山堡寨敌台地势图（东南—西北）　　　　　图七　山堡寨敌台平面图

填充土，是整个敌台的制高点（图版一一）。

我们对山堡寨敌台进行了试掘，在二层平台上布探沟两条，编号为 TG1 与 TG2。

TG1：位于第二层平台的东侧，东距墙体2.5米，北距石墙5米处，面积2×2平方米（图版一二）。试掘的地层情况为：第①层为灰褐色土层，厚约0.2米。由于平台上曾垦荒种植，故土质疏松。此地层中的包含物有植物根茎、石灰块、布纹瓦片、瓷片。第②层为黄褐色土层，距离地表0.2~0.38米，土质较黏、较硬，包含物有植物根茎、碎石块、石灰颗粒、青灰布纹瓦。此层最为明显的特征就是夹杂有大量的石灰颗粒（图版一三－1）。第③层为红褐色土层，距离地表0.38~0.55米，土质较为疏松，地层中包含物为碎石块、青灰布纹瓦。此层与第④层之间有一层若隐若现的碎石片小层（图版一三－2）。第④层为灰褐土层，距离地表0.55~0.95米，土质较黏，为小碎石块层，地层中包含物碎石块、青灰布纹瓦（图版一三－3）。第④层发掘至0.95米下有一道东西向石墙，石墙由两大长条石和数块小石块组成。第④层下为第⑤层，发掘距离地表1.2米深度，此层土为质地较硬的颗粒状，土色为较纯的黄色，包含物仅见石块，并无明显的遗物出现。

TG2：位于高台北侧，面积1×2平方米，试掘的地层情况为：第①层为黄褐色，土质较黏，内含植物根茎、石块颗粒，另有布纹板瓦、青灰砖块。第②层为红褐色，内含红褐色的墙坯土、

石灰块，其他包含物与上层相似，另有瓷片。第③层为灰褐色，土质较黏，夹杂着绿色粉石，包含物有少量的青灰板瓦碎片。第③层下为青灰色的山体岩石层。

从发掘情况看，遗物多为明清陶、瓷片和建筑用瓦（图版一四）。没有找到时间更早的遗物。

山堡寨敌台处在两垭口（柳树垭、关垭）之间的一座山峰之上，与两垭口（柳树垭、关垭）的直线距离均在 1 公里左右，居高临下，对观察两垭口要道的情况十分有利。

据走访，山堡寨最近一次使用是在 1949 年的解放战争中。现存地面建筑部分就是当时所修，建筑多由山堡寨已有建筑垒成的工事。在此以前，此山寨也曾作为躲避匪乱之用（图版一五）。

从发掘 TG1 情况看，在地下仍有建筑墙基，故可推测，在现存建筑之前，此处还有建筑，推测"山堡寨"因此得名。

（5）关垭关 (420324353101190003)

关垭位于蒋家堰镇关垭子村六组西部，西为陕西省平利县平安镇（南河流域），南部 1 公里处为山堡寨敌台，北约 0.5 公里处为擂鼓台敌台（图八）。山堡寨、擂鼓台位于关垭两侧的山顶，三者遥相呼应，互为依托。

现代城楼南北两侧为古城墙，南半部分墙体保存很差（图版十六），北半部分保存较好（图版十七）。以最长径为界，分为南、北两墙，南北墙之间的最宽处间距为 65 米。

①南墙：以 305 省道为界，可分为南墙西北段和南墙南段。西北段由于修筑城楼南部阶梯，毁坏殆尽，目前仅能看见瓮城南端的小段土墙，长约 7 米，高 1~2 米不等，上宽 0.2~0.5 米，下宽 0.7~0.9 米，其他地段能见到少量残痕，多遭破坏。

北段是目前整个瓮城保存最好的一段（图版十八），整体长度 65 米、高约 2.5 米。靠近省道的 25 米墙体不见（1993 年修公路毁坏），南段一堵 10 米左右的夯筑墙为近代补修，往北均为原有夯筑墙，夯痕明显。

②西墙：以 305 省道为界，分为南段和东北段。南段南端点与东墙西南段南端点连接，平面形状为内弧外方的一个厚约 3.5 米、宽约 6 米、外高 2.5 米、内高 3 米的土墙。此端点的地理坐标为东经 109° 30′ 20″，北纬 32° 19′ 46″，海拔高程 721 米。南段土墙南端尚存一段较为完好的，内侧长约 5 米、高 0.4~2 米、上宽 0.2~0.5 米、下宽 1.1 米的斜坡三角形墙体，此段墙体有明显的两层：上为堆土层、下为夯土层，夯土层的夯窝明显。此段向北靠近省道旁有一段长约 23 米、

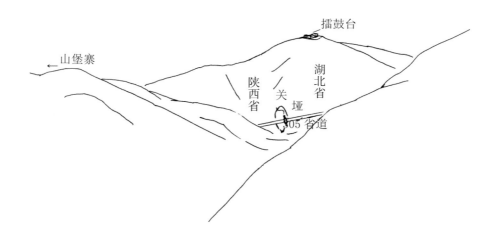

图八　关垭及其南北两侧

最高处约 1.5 米、上窄（0.2~0.3 米）下宽（1 米左右）的南北向夯土墙，其北部为长约 20 米的毁坏段。

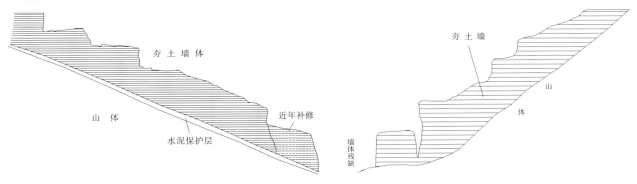

图九　关垭东墙北段立面图

东北段保存较为完好（图版十九），南部由于修路，有长约 25 米的毁坏段，中部及其北部残长约 70 米（图版二〇）。自此保留的东北段南端最高处达 3 米，最低处为 1 米左右，墙体下宽 1 米左右，上宽仅存 0.2~0.4 米。墙体上的夯窝明显。往北坡势稍缓，除距东北端点 7 米处被一条现代小路破坏外，墙体保存较好，墙高 1.5 米左右，下宽 1 米，上宽 0.5 米左右（图九；图版二一）。东北端点与东墙北段连接，构成一个弧形拐点，亦即整个关的东北端点，东北端点的地理坐标为东经 109° 30′ 34″，北纬 32° 19′ 50″，海拔高程 728 米。

关垭关目前的保存状况非常差，自然因素为：土墙易受自然风化、雨水侵蚀，植被生长，动物洞穴等方面影响。人为因素：人们的生产生活活动，如公路建设、开垦种植都极大破坏了墙体。另外，此地为古今要塞，历来为兵家所争，如 1949 年解放战争也曾发生在此，故战争也是破坏城墙的因素之一。关垭城墙夯土内和瓮城内均可采集到陶瓷片和青灰瓦片，均为明清遗物，但是，按夯土墙下暴露的石墙分析：我们现在看到的夯土墙是夯在石墙上面的，可以推断，在现在的夯土墙之前已经存在石墙墙体。

（6）擂鼓台敌台 (420324352101190004)

擂鼓台位于蒋家堰镇关垭村 6 组西北鄂陕界岭上，西为陕西平利县平安乡。西南 0.5 公里为关垭，1.5 公里为山堡寨，北 2 公里为蔓菁沟村王家沟城墙。

擂鼓台敌台凭依自然山势，位于山顶的两层台地之上，两台地为椭圆形。其中，第一层台地依自然山势稍加平整而成，长径为 17 米、宽约 13 米，总体面积在 200 平方米以上，主要位于方形建筑的东南一侧，四周基本不见石头垒起的痕迹。第二层为石块垒砌而成，位于方形建筑的四周（图一〇；图版二二）。

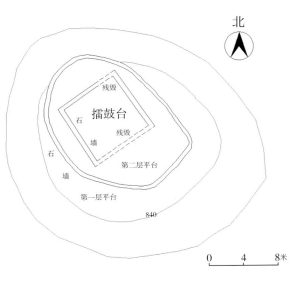

图一〇　擂鼓台敌台平面图

方形建筑位于山顶，形制较规则，由石块垒砌而成，边长约 8.5 米，石墙宽约 0.6 米、保存最好处高约 1 米（图版二三）。东北一面和西南一面墙体保存相对完好，西北石墙有近 2.4 米的残

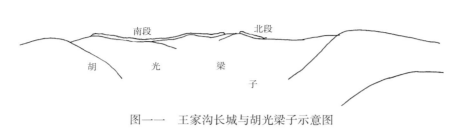

图一一　王家沟长城与胡光梁子示意图

损，东南石墙损毁殆尽（图版二四）。方形建筑地理坐标为东经109°30′46″，北纬32°19′56″，海拔高程845米。

（7）王家沟石墙

王家沟石墙位于蒋家堰镇蔓荆沟村七组西部，南约2.5公里为擂鼓台，东为蔓菁沟流域，西为坝河支脉许家沟。

王家沟石墙所在山脊又称胡光梁子，城墙由南、北两段构成（图一一；图版二五）。

①王家沟北段石墙（420324382102190004）：石墙位于南段城墙的西北，与南段城墙之间有一段长约20多米的消失段（图版二六）。墙体修于省界之上，墙长约70米、宽1.5米、高0.3~0.4米，坍塌严重，仅见地面小部分残留。南端点处地理坐标为东经109°30′17″，北纬32°21′12″，海拔高程1010米，北端点处地理坐标为东经109°30′18″，北纬32°21′16″，海拔高程1002米，墙体的基本走向为北偏东30°。

②王家沟南段石墙（420324382102190003）：南段石墙长约250米、宽1米、内高1~1.2米、外高1.5米，基本呈东南—西北走向，墙体保存完好（图版二七）。南端点的地理坐标为东经109°30′23″，北纬32°21′06″，海拔高程1040米，北端的地理坐标为东经109°30′17″，北纬32°21′11″，海拔高程1024米。在南北端点附近，有两个折点，其中南折点位于南端点北25米处，地理坐标为东经109°30′23″，北纬32°21′05″，海拔高程1040米，北折点位于北端点东20米处，地理坐标为东经109°30′18″，北纬32°21′11″，海拔高程1024米北折点的东南20米处，有一座石门，现已坍塌。

王家沟南侧石墙修于山脊东侧的湖北一面，若单从这一构造特点来说，似乎具备明显的防御性质。但若从南段城墙的西侧为山险，没有必要构筑城墙这个方面来说，这个防御工事具有两面控制的优势。在王家沟城墙的北侧几十米处，就有鄂陕通道，王家沟作为一个据点，完全可做到东、西两面的防御与监控（图一二）。

从竹溪地区的长城遗址点看，其修筑方式具有一个共同特征，位于鄂陕交通要道附近或两省交界的界岭之上。这种构筑方式同时可以分为两种：

①山垭设关，两侧建墙，典型的就是关垭、柳树垭、梓桐垭，另外还有附属设施，主要是敌台，如关垭附近山头就有山堡寨、擂鼓台敌台。

②山垭处无关，在鄂陕通道一侧，修筑据点，典型的就是七里寨、王家沟，另外还有附属设施，主要是敌台，如七里寨的南北两侧就各有一敌台。这些遗址点都具有易守难攻的特点。

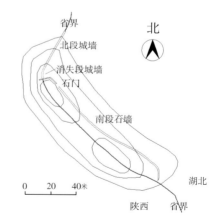

图一二　王家沟城墙平面图

同时，这些遗址点还存在官用与民用的双重现象。竹溪边界一线，属鄂、陕边陲山区，政府管制薄弱，易闹匪乱，又是分水岭所在，山势较高，无论是作为百姓避难，还是作为土匪据点，都易守难攻。梓桐垭、柳树垭、关垭、秋沟垭、火龙垭均处在垭口，属于关卡一类建筑，文献中有确切驻兵防守的记载，山堡寨、擂鼓台在战时就曾作为重要的军事要点，扼守东西。

从形成堆积看，很多遗址都很难找到遗物，如七里寨、柳树垭、王家沟。在另外一些点虽能找到一些遗物，如山堡寨、关垭、擂鼓台，但是这些遗址点多处在海拔较低、人口较密集地区，人类活动频繁。所发掘与采集遗物多属明清时期，又无相关文献证明，故很难得知这些城墙修筑的时间上限。

2. 竹山县

竹山县现存长城墙体的主要乡镇有竹坪乡、大庙乡、得胜镇：

（1）老龙寨堡（420323353102190005）

老龙寨堡位于竹坪乡六合村二组北部鄂陕界岭山顶之上，山顶为老龙寨的中心，地理坐标为东经109°32′06″，北纬32°31′21″，海拔高程1144米。西南直线距离约2公里为三里沟长城。该遗址墙体整体保存状况一般（图一三）。

老龙寨堡沿山顶周围的等高线围合成一个椭圆形的平台，最长径东偏北20°，大致东北—西南走向，东北端至西南端长70多米。可将石墙分为东、西两墙。东边墙外侧高2~5米（图版二八），墙内侧填为平台，在整段墙体偏北部，有一明显的坍塌之处；西边墙外侧高2~2.7米，内侧高0.5米，在整段墙体的中部和北部，有一明显坍塌之处，其中北部坍塌处已成为进出老龙寨的一个便利通道。东、西两段石墙的宽度均在0.7米左右。

在老龙寨的南部，有一个石门。石门的整体平面形状为一扇

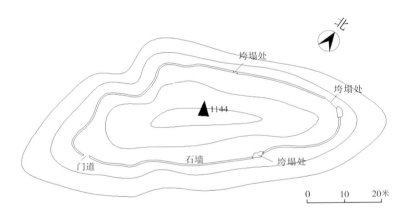

图一三　老龙寨平面示意图

形，门向北偏西30°，大致南北向。石门有斜坡门道，长约5米、宽1.7~2.1米，东墙外侧高2.1米，门道一侧有三个门闩孔，闩孔形制规整，横向长0.3米、竖向宽0.2米（图版二九）；西墙外侧高1.9米，门道一侧有一个门闩孔，闩孔形制规整，横向长0.3米、竖向宽0.25米（图版三○）。

我们在山顶平台上选取三处试掘点。其中两处位于老龙寨内最高平台上的低洼之处。低洼处长满杂草，树木较少，适宜发掘。发掘情况为：表层15~20厘米为腐殖质层；第②层为黄褐土层，夹杂大量的碎石块，不见遗物；第③层为岩石层。每个试掘坑面积大约1平方米，深0.5米左右。另一处位于门道附近的平台处，试掘面积1平方米，地层情况与前两处相似。

（2）三里沟长城

三里沟城墙遗址位于竹坪乡六合村二组西北约1.5公里的鄂陕界岭之上，其北为陕西省旬阳县铜钱关乡，南为湖北省竹山县竹坪乡，东北直线距离约2公里为老龙寨，西南直线距离约6公里为竹溪县铁桶寨，三遗址均位于鄂陕界岭上（图一四）。

三里沟城墙由1个关、1个铺房、东、西2段墙体、2个敌台构成。

①三里沟关（42032335310101－0001）：位于三里沟城墙所在山脊东侧一个垭口处，中心点地理

坐标为东经109°35′24.60″，北纬32°31′08.37″，海拔高程876米。此关由过道与关墙构成，方向北偏东55°，平面形状不甚规则，中间宽，两端窄，周长约为24米，占地面积约为22平方米。如今关门设施不存，仅存西南关墙面向过道一面的门闩孔。此门闩孔上下长约0.2米、横向宽约0.15米。过道宽度即两关墙的间距约为2.5米；进深即两侧关墙的宽度，约为2.5米。关墙位于过道两侧，分为西南关墙和东北关墙。西南关墙长约4米、残高0.7~1米，宽度从关口处的2.5米逐渐缩小至西南方向的1.5米。东北关墙被毁，仅见高出地面约0.2~0.7米的坍塌堆积，原有宽度、长度应与西南关墙大致对称（图版三一）。

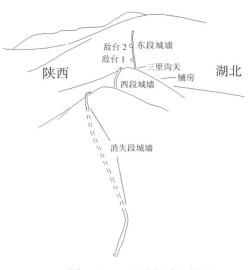

图一四　三里沟长城地势图

②三里沟铺房（420323352105010001）：紧邻三里沟关西南，中心位置的地理坐标为东经109°35′24.50″，北纬32°31′08.12″，海拔高程875.5米。铺房单间，大致呈矩形，东南—西北走向（北偏西35°），长8米，宽7米，总面积达56平方米。西北墙依借西段城墙的女墙，墙体高度在1.4~2.7米、宽度在1.5~1.1米之间。西南墙紧贴山坡，墙体高度在0.5~0.8米之间。东北、西南两面墙体的高度普遍较低，残高0.2~0.5米，墙宽约0.7~0.9米（图一五；图版三二）。

③三里沟东段城墙（420323382102010002）：以三里沟关为界，分为东、西两段。

东段城墙：位于三里沟关东侧山脊之上，起点与三里沟关东北墙相连，地理坐标为东经109°35′24.70″，北纬32°31′08.51″，海拔高程876.9米，止点位于三里沟关东侧山脊的一个半山腰，地理坐标为东经109°35′29.76″，北纬32°31′09.70″，海拔高程942米。整段长城长约135米，大致呈东西方向。自西向东海拔逐渐升高，起点处最低点与止点处最高点的高差约65米，三里沟关附近地势稍缓。保存状况：尚有一段长51米、宽0.8~1.2米、高近1米的石墙（图版三三）。东部地势逐渐变陡，墙体坍塌更为严重，部分地段石墙残宽0.5~0.8米、高0.15~0.5米。少数地段在地面上甚至不见石墙，只留基石，周围有散乱石块。

④三里沟西段城墙（420323382102010001）：位于三里沟关西侧山脊之上，全段长约501米，大致呈东西走向，方向为北偏东75°（图版三四）。起

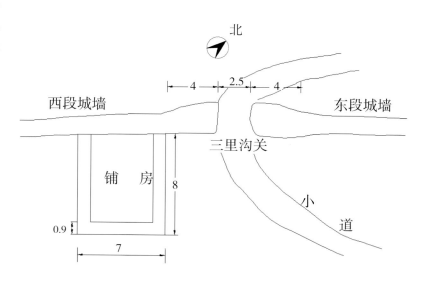

图一五　三里沟关与铺房平面图（单位：米）

点与三里沟关西南墙相连，是该段长城所处的最低点，地理坐标为东经 109° 35′ 24.51″，北纬 32° 31′ 08.28″，海拔高程 876.5 米。由东向西，随山势墙体略有起伏，大致经过了 3 个山顶、3 个山垭和 5 个折点，另有 1 段女墙残缺（276~396 米），止点位于山腰处，为该段长城的最高点。

此段城墙主要由女墙和依自然山势所形成的马道构成。女墙主要由石块垒筑，修于山脊北面，在不同地段保存状况不一，总体说来，女墙上部残宽 0.4~0.7 米、下宽 1~1.2 米、高 0.4~0.9 米。部分地段的女墙上可见土墙，最高处残高 0.3 米。由于损毁严重，土墙的构筑方式不详。女墙的南侧为马道，也即山顶平台，是依自然山势而成，宽度一般在 3~10 米不等。距离女墙 1.5 米处的南侧，有一条山路，顺着墙体一直延伸。在 276~396 米段，地势较平，山顶平台较宽，而不见石墙，而东西两侧与石墙相连，故推测此处原有石墙，后因垦荒而拆毁。也正是因为长年的耕种，故山顶平而宽，且台地北侧有高 0.5~1 米不等土坎。

敌台：三里沟遗址共发现 2 个敌台，均位于三里沟关东侧山腰，与东段城墙的女墙北侧紧密相连，是依山势加以人工平整填实而成。

⑤三里沟敌台 1（420323352101010002）：距离三里沟关 19 米，地理坐标为东经 109° 35′ 25.38″，北纬 32° 31′ 08.60″，海拔高程 879.2 米。此敌台平面呈矩形，北偏东 80°，与女墙的方向保持一致，长约 4 米，宽约 2.5 米，总面积约为 10 平方米。西侧有一道石墙伸出女墙并与女墙垂直，墙体残存长度为 2.5 米，高为 0.46 米。

⑥三里沟敌台 2（42032－3352101010003）：距离东段长城起点 75 米处，有一道石墙垂直伸出女墙，长约 3.3、高约 0.8 米；80 米处有另一道石墙垂直伸出女墙，长 3.2、高近 1 米。两墙之间为平台，地理坐标为东经 109° 35′ 27.46″，北纬 32° 31′ 09.15″，海拔高程 908.5 米（图一六）。

就整个三里沟城墙而言，防守态势明显。保存较差，损毁严重，其中西段除 120 米段因垦荒消失外，其他地段的保存状况较东段好，这主要是由于西段城墙海拔高差不大，地势显得稍缓，墙体破坏因素主要来自植被（特别是竹子）的破坏。而东段除了植被生长的破坏之外，还因地势较陡，墙体易滑坡，故无论是城墙，还是敌台，都损毁严重。

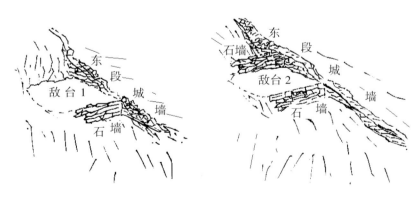

图一六　三里沟敌台立面图（西—东）

除实地勘察，我们还对三里沟城墙进行了试掘。试掘地点主要选择在三里沟关附近，特别是铺房周边地带。三处试掘沟分别编号 TG1、TG2、TG3。

TG1：位于三里沟关西侧的一个山顶上，该山顶为一处平台，台地以北为一条东西向长条形低洼地带，疑为人为使用过的一条沟，沟以北紧靠石墙，石墙以北为陕西省，地势较陡，而台地以南为湖北省。经过对位置的综合分析后，我们对台地与墙体之间的低洼地带进行发掘。发掘情况为：地表以下约 0.10 米的腐殖质层，腐殖质层下黄褐色生土，将生土挖掘掉将近 0.20 米，不见明显遗物。由于根茎盘根错节，发掘难度较大。

TG2：位于铺房内侧的西北部，试掘面积为2×3平方米。试掘情况显示，表层为腐殖质层，厚0.15米，下为黄褐色生土层，无任何包含物。

TG3：位于三里沟关口南约5米处，地势较三里沟关口和铺房低，有乱石堆积，疑为当时铺房附近丢弃垃圾的场所。试掘情况为，第一层为乱石层，厚约0.30米，包含物为6片泥质红陶片，均为圈足碗的残陶片，属于近现代遗物。乱石层下为生土层。

2001年调查时，曾在铺房内掘出一片青花瓷碎碗片，碗底清晰地镌有一个"帅"字[1]。

通过发掘，可以判断城墙修筑的年代下限在明清时期。据当地村民说，最近一次使用此城墙是在解放战争时期，铺房中墓葬亦形成于此时期。

（3）铁炉沟长城

铁炉沟长城位于竹山大庙乡铁炉沟村三组北部的鄂陕界岭上，基本呈东西走向，东、西两端各与蚂蝗沟长城和梭子沟长城相连接，南部即铁炉沟狭长的沟谷流域。

铁炉沟长城由铁炉沟关、城墙构成。铁炉沟关处于垭口。城墙分布于垭口两侧，总体长度为2855米，以铁炉沟关为界，分东南段和西段。其中，东南段城墙长2284米，西段城墙长571米。石墙修于山脊南侧，石墙北侧为山顶平台，是依自然地势，辅以人工填筑的马道。东侧的山势整体较西侧坡缓。

铁炉沟长城的关、城墙分述如下：

① 铁炉沟关（420323353101010002）：位于梭子沟长城西部，当地人称之为"城门洞"（图一七；图版三五）。该关主要由关门、关墙、关墙的南侧延伸出的两道短墙（相当于门墩之类）、两道短墙之间及其西南侧的石台阶等构成。平面总体为东西向（南偏东60°）不规则形，周长约为30米，占地面积约为40平方米。关门南北朝向（北偏东30°），南侧为关门的外侧。中心位置的地理坐标为：东经109°44′06.12″，北纬32°35′47.01″，海拔高程1167.1米。

关门所在的门道宽2.95米、进深3.5米左右。在关门偏南侧，有一道门槛，现基本掩埋于土壤之中。在门槛的南侧为石台阶，痕迹可见，但由于建造粗糙，且损毁严重，台阶长度和级数不详。

关门两侧为关墙，分为东、西两道。东关墙在关门处宽约2.5米，向东逐渐缩小，至4.5米处与东南段长城的女墙的相连，宽度至1米以下，且与东南段西部端点紧密相连。墙体南部为方形，

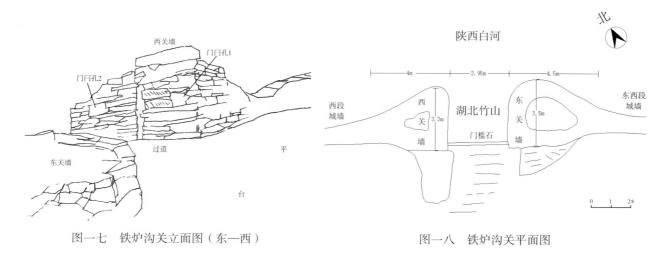

图一七　铁炉沟关立面图（东—西）　　　　　图一八　铁炉沟关平面图

---

[1] 王贵超、刘国胜：《寻找"楚长城"》，《地国》2003年第4期。

北部呈弧形，最宽处为3.5米。西关墙形制与东关墙相似，长约4米，墙体自东向西宽度逐渐缩小，由3.5米逐步缩小到不到1米。保存高度不一，北侧保存最高处达2.5米。在关墙内侧中部，有一道裂缝，可以推测，关墙非一次性修筑而成。东、西关墙多用凿痕规则的石块构筑。

东、西关墙向南各有一段延续的短墙，东部短墙长约1米，西部短墙长约2.5米。这类建筑相当于门墩，有加固关门及关墙的功能（图一八；图版三六）。

②铁炉沟东南段城墙（420323382102010003）：位于梭子沟关的东南山脊之上，整段长城东南—西北走向（约东偏南45°），西北与铁炉沟关东关墙相连，地理坐标为东经109°44′06.37″，北纬32°35′46.85″，海拔高程1167.2米；东南至铁炉沟村东北山脊的一个最高山顶，此点同为铁炉沟与蚂蝗沟南北向分水岭的北部最高处，也是铁炉沟长城与蚂蝗长城的分界点。自西北向东南，地势虽略有起伏，但总体海拔逐渐升高，最低点（垭口起点）与最高点（山顶止点）的高差约为147米。全段长度为2284米，大致经历了22个特征点：起止点各1个、消失段起止点各1个、折点14个、山顶8个、山垭7个，其中，9个特征点重合。

墙体保存状况在不同地段表现不一，但总体一般，女墙保存较为完好处，女墙宽约0.5~0.8米、内高0.2~1.2米、外高1米以上，还多处保留射孔（图版三七）；保存状况稍差的地段，外侧可见石墙，内侧基本与山脊齐平；部分地段由于山势陡峭，或因处于垭口过道，损毁更为严重（图版三八）。

③铁炉沟西段城墙（420323382102010004）：位于铁炉沟关西侧山脊之上，大致呈东西走向，东侧为起点，位于铁炉沟关西侧，地理坐标为东经109°44′05.74″，北纬32°35′47.20″，海拔高程1167.5米。西侧为止点，位于铁炉沟关西侧山脊的山顶，与梭子沟长城相连。全段长城长571米，沿线历经3个折点。墙体从铁炉沟关附近山垭之处向西，随山势逐渐升高，直至铁炉沟西北山顶，高差141.2米（图版三九）。

此段城墙整体保存状况一般。保存较好的地段，南侧高达4米，北侧高达1~1.5米。绝大部分地段保存一般，南侧高度在1.5~2米、北侧高在0.5~1米之间。保存较差的地段，墙体有多处坍塌缺口，仅见南侧墙体高度，一般在1米左右，内部与山顶平台基本平齐。女墙上原有瞭望孔一类建筑设施，多因墙体坍塌，目前仅能见到极少数。

我们选取位于铁炉沟关附近的两处地点进行试掘。

试掘点1：位于铁炉沟东南段距离起点480米处，选择点为一鞍部。试掘面积为8×0.6平方米，东西向。试掘沟分两层：第①层为灰褐色土，含枯枝落叶腐殖质，东部厚约0.25米，西部厚0.6米。树根生长，难以下掘。不见遗物。第②层为浅黄土夹大量石块，不见任何遗物。第②层下为原山体石。

试掘点2：位于铁炉沟东南段距离起点550米处，选择点为山顶马道靠墙一侧。试掘面积为3.0×1.5平方米，方向为南偏东60°。试掘坑分两层：第①层为灰褐色土，含枯枝落叶腐殖质，土质疏松，不见遗物。第②层为灰黄土，土质较黏，较为单纯，不含遗物。第②层下为原山体石。

（4）梭子沟长城

梭子沟位于竹山县大庙乡鲁家坝村东北的鄂陕界岭上，西南方向即梭子沟狭长的沟谷流域区，北为白石河主流源头，东与铁炉沟长城相连，西至大屋脊（山顶）。北部为白河、旬阳二县的界岭的大石门沟长城。

梭子沟长城位于铁炉沟长城与大石门沟长城之间，由梭子沟关、城墙、敌台、铺房构成。梭子沟关地处垭口。城墙处于垭口两侧，以关为界，分南段和西北段，两段长度相当，整个梭子沟长城的形状为"V"字形。长城修于山脊西侧；长城东侧为山顶平台，是依自然地势，辅以人工

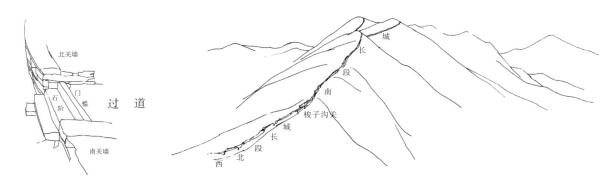

图一九　梭子沟关示意图　　　　　　　　　　　　图二〇　梭子沟关与南段城墙

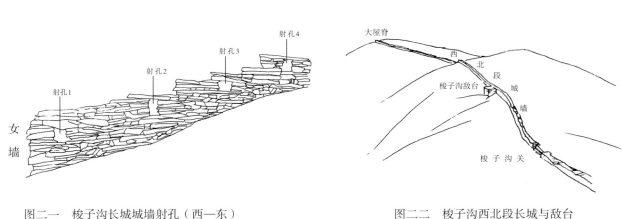

图二一　梭子沟长城城墙射孔（西—东）　　　　图二二　梭子沟西北段长城与敌台

填筑的马道；东侧的山势较西侧坡缓。在西北段城墙的西侧分别为一座敌台和一座铺房。

①梭子沟关（4203233531010010003）：处于梭子沟长城所在山脊中部的山垭之间，由关门、关门两侧的关墙构成，关门及其关墙上建筑均残损。平面为东南—西北向矩形，门朝东北—西南向。关门宽约2.3米、进深约2.4米，尚存门槛和门闩洞，门槛两端有门枕石，门枕石长0.55米、宽0.18米、高0.28米，两门枕石之间有长1.94米、宽0.18米、高0.3米的门槛。门槛两端各有1门闩洞。门槛的西南一侧为石台阶。关东南墙的东北一侧残高0.5米、西南一侧残高2.1米、宽约2.4米。西北关墙东北一侧残高0.9米、西南一侧残高1.9米、宽约2.4米（图一九、二〇；图版四〇）。

②梭子沟敌台（4203233521010010004）：位于梭子沟关西北一侧山腰之上，西北距梭子沟关约56米，与梭子沟西北段城墙女墙西侧相连，地理坐标为东经109°43′42.06″，北纬32°36′11.11″，海拔高程1207.4米。敌台由高台和石阶构成，保存较为完好。高台平面为长方形，方向为北偏东30°，基本为南北向。高台为呈立方体状，东西长4.1米、南北宽2.9米、最高处高达2.46米。高台中部草木丛生，其东侧尚存二级石阶，台阶北侧有一个不规则大石块，应为垂带，南部垂带已毁（图二一、二二；图版四一）。

③梭子沟铺房（4203233521050010005）：位于梭子沟关西北山腰之上，距离梭子沟西北段长城起点230米，地理坐标为东经109°43′37.99″，北纬32°36′15.99″，海拔高程1232.8米。铺房紧贴梭子沟长城西北段女墙东侧，平面长方形，南北外长4.6米、东西外宽3.8米，占地面积约17.5平方米；墙体的宽度约0.4米，室内面积约为12平方米。方向北偏西20°。门开于北墙偏东，

宽约1.1米。四周墙体用打凿规整的大长条石垒砌而成，做工精细。墙体保存较差，仅存0.5~1.4米不等的高度。在铺舍内部及其周围，有大量的坍塌石块堆积（图二三；图版四二）。

在这些石块堆积中，有两块功德碑，一为"万古千秋"碑（图版四三），一为"万古流芳"碑（图版四四），均被风化及流水侵蚀，其中"万古千秋"碑上的很多字迹尚能清晰辨识，碑文内容为：

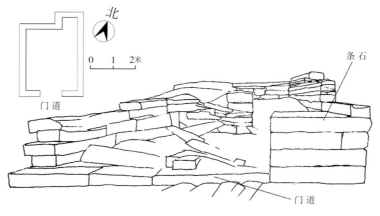

图二三 梭子沟铺房与功德碑

盖以山不在高，有仙则名，今梓木树垭，地界□□……

□□由来已久，□风雨毁败□□【祭】露□□□……同发善心，崇（重）修□□□□神则……伍侣□神灵之保佑四境，永享太平之□□□……□女立碑以垂不朽……

贾□子□艮一两……彭朝贵艮二两……六艮□五人；僧人黎国【纶】、僧人吴良玉、僧人马进（辛）、僧人周文山、僧人董师信……马□【本】（辛）艮二两五；丁【垚】【聪】艮一两五；马富【本】（辛）艮二两；蓝凤□艮二两；马金【本】（辛）艮一两五；陈光仪艮二两；□正【男】艮二两；方正纲艮二两；李恁有艮一两五；刘万明艮一两五。

刘斯秀三两；黄明远艮一两五；胡明武艮一两五；方正□艮二两；饶鼎贵艮一两五；方正坤艮二两；朱林明艮一两□；戴继元艮一两【五】；曹世礼艮一两五；张恁林艮一两五；卢恁宗艮一两【五】；张志豪艮一两五；陈贵林艮一两五；周隆顺艮二两；吴友志艮一两五；吴友乾艮一两五；袁天托艮一两五。

胡恁□艮二两□；胡德兴艮一两五；□顺州艮一两五；吴□富艮二两；马稈【本】（辛）艮二两；吴忠□艮……吴友明……启海广，贵共艮，禄一□；颜丁去艮一两六，马任本艮一两五；马会【本】（辛）艮一两五；陈继华艮一两五；沈浩昌艮一两五；刘万钦艮一两五；蓝永华艮一两五。

□富艮五两；□□雄艮一两五；金□范艮二两；□□雄艮一两□五；刘国全艮二两；李孝明艮三两；刘国恁艮四两；莫万春艮二两；陈广顺艮□□；刘【君】□艮一□□；王太顺艮一两五；【周】士□艮一两五；桂方明艮一两五；刘传人艮一两五；熊国富艮一两五。

程……倪……倪……金……倪……匡……何永□……佘……刘万明……

"万古流芳"碑风化侵蚀最为严重，仅碑头"万古流芳"四字尚存，四字为凿刻。碑头之下，字迹模糊，无法释读。但碑文中"崇（重）修"一词表明此段墙体存在二次修复情况。

④ 梭子沟南段城墙（4203233382102010005）：位于梭子沟关南侧山脊之上，起点位于南部山顶，与铁炉沟长城西段相连，地理坐标为东经109°43′45.02″，北纬32°35′48.51″，海拔高程1308.7米。止点位于梭子沟关附近，地理坐标为东经109°43′43.27″，北纬：32°36′09.22″，海拔高程1205.9米。该段长度长约690米，沿线经过了8个折点，除起点所在的山顶以外，另在墙体东侧有两个山顶(图版四五)。长城墙体的走势略有曲折，总体为南北走向；

地势南高北低，高差为 102.8 米。墙体保存状况一般，不同地段有一定的差异。墙体保存较好处，外侧（西面）高度在 1.8~2.5 米，内侧（东面）高度在 1.5 米左右，宽度在 0.8~1.1 米。一般地段的墙体外侧高度在 1.2~1.8 米、内侧高度在 1.4 米以下。在距离梭子沟关南部约 44~50 米处，尚存保存完好的 4 个射孔，射孔上下长在 0.32~0.4 米、横向宽在 0.2~0.25 米之间（图二〇、二一；图版四六）。平台位于女墙东北一侧，宽 5~15 米不等，山势陡峭处基本不见。

⑤ 梭子沟西北段城墙（420323382102010006）：梭子沟长城西北段位于梭子沟关西北山脊之上，起点位于梭子沟关附近，地理坐标为东经 109° 43′ 42.97″，北纬 32° 36′ 09.99″，海拔高程 1205.2 米；止点位于大屋脊（山顶），地理坐标为东经 109° 43′ 27.69″，北纬 32° 36′ 27.70″，海拔高程 1325.4 米。全段长城长 711 米，呈东南—西北走向（方向北偏西 40°），东南起点处低、西北止点处高，沿线经过了 8 个折点。石墙整体保存状况一般，不同地段有一定的差异。保存较好处为距离起点 0~56 米段，墙体内高 1.6 米、外高 2.4 米、宽 1.1 米；保存差的有两段，距离起点 244~296 米段地面墙体不明显；距离起点 377~470 米段，表面只剩下一段土垄，疑为开荒种地所毁。经解剖发现下面仍有石墙基。其他地段的墙体保存状况界于一般和较差之间（图版四七）。

（5）蚂蟥沟长城

蚂蟥沟长城位于竹山大庙乡浬泗沟村四组西北的鄂陕界岭上，南为蚂蟥沟（浬泗沟小支流），北为白河县小白石河主流源头，西与铁炉沟长城相连，东与浬泗沟长城相望。

蚂蟥沟长城由蚂蟥沟关、城墙、敌台构成。关处于垭口之间，为南北通道之一。城墙处于垭口两侧，以关为界，分西南段和东北段，两段长度相当，整个蚂蟥沟长城的形状为"V"字形。

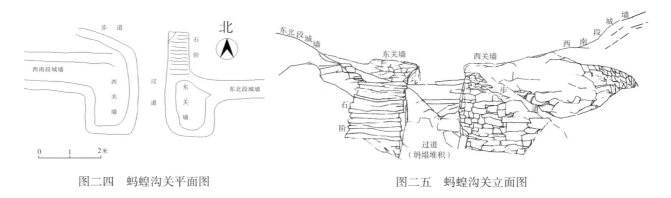

图二四　蚂蟥沟关平面图　　　　　　　图二五　蚂蟥沟关立面图

在东北段城墙的南侧有两个敌台。

① 蚂蟥沟关（420323353101010004）：位于整个蚂蟥沟长城的中部山垭处，地理坐标为东经 109° 45′ 07.20″，北纬 32° 35′ 07.20″，海拔高程 1235 米。该关由关墙、台阶和通道构成，平面基本呈东西走向，周长约 28 米，面积约 50 平方米。关墙设于过道两旁，分东、西两墙，东关墙长约 5.5 米、宽 3 米、高 2.5 米；西关墙长 5.6 米、宽 3 米、高 2.54 米。两关墙之间的间距，在底部约为 2~2.4 米，也即通道原有宽度；关墙顶部由于受到通道两侧地势的压迫，向通道中间倾斜，最窄处间距约为 1.7 米。在东关墙北部，有一条到达关墙顶部的台阶，南北向，底部有损毁，长约 3 米、宽约 1.4 米、级数约为 12 级；西关墙北侧有一条小道紧贴环绕关墙。东、西两道关墙之间为通道，门朝南北向，南面为外侧，关门顶部及两侧关墙上的石块坍塌，将通道堵塞，但关

门顶部的长条石块仍有残痕（图二四、二五；图版四八）。

② 蚂蝗沟敌台1（420323352101010007）：距离蚂蝗沟关约12米，地理坐标为东经109°45′07.55″，北纬32°35′07.45″，海拔高程1245米。敌台平面为长方形，最长径方向为北偏西20°，接近南北方向。南北长约3.8米、东西宽约3.2米，平面面积约为12平方米。南侧最高处达2.5米。西侧有两棵树生长于墙基之下，造成西侧墙体破坏严重，最低处高度为0.4米，最高处高约2米。在蚂蝗沟长城东北段距离起点12~13米处，有一道豁口，豁口两侧石墙规整，应为通往敌台的门道所在。在敌台上及四周，草木丛生，不同程度地破坏了敌台的原貌（图版四九）。

③ 蚂蝗沟敌台2（420323352101010008）：距离蚂蝗沟关约140米，地理坐标为东经109°45′12.15″，北纬32°35′11.05″，海拔高程1243米。此敌台平面为方形，边长约4米，面积约16平方米。方向北偏西23°，南侧最高处约为2.9米（图二六）。

④ 蚂蝗沟西南段城墙（42032338210201—0007）：位于蚂蝗沟关的西南一侧的山脊之上。此段长城整体呈东南—西北走向，起点位于整段长城的西南最高山顶（此点同为铁炉沟长城东南段东南端的止点），地理坐标为东经109°45′04.32″，北纬32°35′00.84″，海拔高程1314米，向东北地势逐渐降低，至蚂蝗沟关西南侧为止点，地理坐标为东经109°45′07.10″，北纬32°35′07.20″，海拔高程1238米。全段长城长259米，高差为76米。石块层层垒筑，修于山脊东南侧（也即湖北一面），往外地势

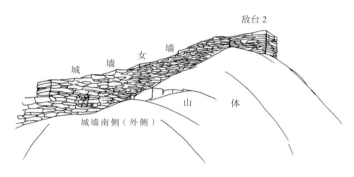

图二六　蚂蝗沟敌台2示意图

陡峭；石墙西北侧（也即陕西省一面）为山顶，地势较平，多为平台，是依地势填筑而成的自然马道，北侧的山势较南面坡缓。由于山势蜿蜒，墙体大致经历了4个折点，且由于此段长城所在山脊地势陡峭，墙体易于滑坡，故保存状况不一，整体较差（图版五〇）。

⑤ 蚂蝗沟东北段城墙（420323382102010008）：位于蚂蝗沟关的东北一侧的山脊之上，起点位于蚂蝗沟关附近，坐标为东经109°45′07.31″，北纬32°35′07.20″，海拔高程1238米；止点位于蚂蝗沟关东侧山脊的半山腰，地理坐标为东经109°45′16.62″，北纬32°35′13.92″，海拔高程1290米。整段长城长277米，呈东南—西北走向，自西南向东北海拔逐渐增高。此段墙体较西南段保存好，其中绝大部分地段保存有内高0.5~1米、外高2~2.5米、宽度0.8~1米的墙体，只有部分地段的小段墙体因山势陡、树木生长等原因，有坍塌现象（图版五一）。

（6）浬泗沟长城

浬泗沟长城位于大庙乡浬泗沟村4组北部的鄂陕界岭上，南为浬泗沟，北为歌风楼回水沟，西为蚂蝗沟长城，两墙相距约0.5公里，东部约3公里有两省寨堡；再东约20公里，有二虎寨堡、娘娘庙堡。

浬泗沟长城总长1350米，大致呈东西走向。墙体修于山脊南侧，北侧可能由人工填筑，故外（南）高内（北）低，山脊上的自然平台构成马道。马道宽5~20米不等。

调查显示，浬泗沟长城东西两边的墙体构筑材料有别。西边主要为石筑墙体，东边为土筑墙体，基本以山顶为界点，可将浬泗沟城墙分为西段和东段。

① 浬泗沟西段城墙（420323382102010009）：整段长城长586米，呈东北—西南走向，方向在

北偏东 60°~65° 之间，分布于海拔 1200 米以上的山脊，自西向东，地势虽略有起伏，但东西两端的地势较中部山垭高。西端点的地理坐标为东经 109° 45′ 30.72″，北纬 32° 35′ 08.04″，海拔高程 1288 米。东部端点的地理坐标为东经 109° 45′ 48.36″，北纬 32° 35′ 16.80″，海拔高程 1281 米。中间最低点（南北过道）为一处山垭，地理坐标为东经 109° 45′ 40.92″，北纬 32° 35′ 12.06″，海拔高程 1234 米。全程最高点与最低点的高差为 54 米。墙体保存状况较差，少数地段墙体保存一般，内高 0.3~0.4 米、外高 0.5~0.8 米、宽 0.7 米，内外均可见。有些地段的墙体保存较差，仅见于外侧。有些地段保存差，甚至因为地势陡峭，断断续续，坍塌殆尽。无关一类建筑（图版五二）。

②浬泗沟东段城墙（420323382101010010）：整段长城长 764 米，呈东西走向，起点同为西段止点，而止点位于此段东端，地理坐标为东经 109° 46′ 15.06″，北纬 32° 35′ 14.04″，海拔高程 1340 米，为此段所处最高峰，与西部起点高差 59 米，故整体呈东高西低趋势（图版五三）。

墙体的建筑材料多为土、石，其中有石筑墙体很短。其他地段多见土墙，长度约 654 米，其中部分地段为地势陡峭的山顶，土筑墙体的痕迹不甚明显，有可能更多依靠山险（图二七）。

浬泗沟长城较之于西侧的蚂蟥沟、铁炉沟、梭子沟长城，有如下特点：

①城墙之外并无关堡、敌台、铺房等建筑，构筑简单。

②墙体保存状况更差，越往东形制越简单。越过山顶则基本不见石筑墙体，多为就地取土堆筑或削山而成的土质墙体。

这样的特点，除了因山势陡峭、植被生长、当地人垦荒带来的破坏之外，更为重要是，可能与修建的工期进度有关。我们基本上可以把浬泗沟长城看成是竹白边界长城在此区域修筑的一个尾声，即此段长城迫于完工修建粗糙，在很多地段甚至没有修筑完善就已停工。这从浬泗沟往东无城墙也可以看出。

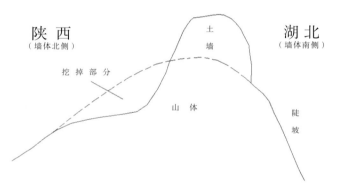

图二七　浬泗沟东段土墙剖面图

（7）二虎寨石墙

二虎寨遗址位于竹山县得胜镇界岭村 3 组西北部二虎山山顶西南一侧。此寨原属于栈房村 9 组，2002 年，栈房村与界岭村合并，统称界岭村，地处湖北竹山县与陕西白河县界岭南侧。山寨海拔在 1550~1568 米之间，距离竹白公路约 1 公里，与公路相对高差约 700~800 米。东西两墙之间被一条小山谷隔断，并将整个山寨分为东西两部分。

东部位于一道山脊之上，包括石墙、寨门、铺房等。

东寨门：门洞及其两侧寨墙的总称，位于东墙西南部，地理坐标为东经 109° 56′ 48.36″，北纬 32° 33′ 49.02″，海拔高程 1550 米。整个寨门建成一个实心关堡形式一类的建筑，该建筑上部长 3.9 米，底部长 4.1 米，最高处高 3.8 米，分上下两部分。上部分为砖墙，高 1.6~1.8 米，宽 3.9 米，在寨门入口的正上方有门匾，仅残存门匾轮廓，不见字迹。下部分为石墙，高 1.2~1.5 米，石条横砌，很多长石块上有清晰的凿痕，斜直排列、凿路规整。门洞朝向基本呈东南走向（南偏东 55°），门洞宽 1.34 米，高 2.5 米，进深 1.2 米，顶部为券顶，横砌和竖砌交错，各有两轮，靠近门洞内侧的两轮除南部残存高 0.3~0.4 米的墙体外，其余坍塌。寨门西边有砖石混砌的过道，过道两侧的南墙与堡垒墙的南侧、北墙与东墙南段相连。寨门与过道两侧所用的青砖大小均为 30 厘米 × 20 厘米 × 10 厘米（图版五四）。

① 二虎寨铺房（420323352105190006）：当地人称之为"弹药库"。位于东寨门北 50 米的山腰处，地理坐标为东经 109°56′46.14″，北纬 32°33′51.30″，海拔高程为 1558 米。平面为规整长方形，方向为北偏东 25°。南北长 12.8 米，东西宽 6.9 米。南部有一道门，宽 1.2 米。现存墙高 0.2~1.2 米，宽 0.3 米。墙体宽度即一块砖的长度（图版五五）。

② 二虎寨东墙（420323382102190011）：东墙北端的地理坐标为东经 109°56′50.10″，北纬 32°33′50.46″，海拔高程 1556 米。全段石墙分为东墙东段和东墙南段，东墙东段方向为北偏东 50°，长 83 米，东墙南段方向为南偏东 25°，长 23 米。整个东墙外侧高 3.7~5 米，宽 0.85 米。内侧残存 0.2~0.4 米高矮不齐的矮墙。北部为二虎寨山山顶（图版五六）。

西边部分位于另一道山脊之上，包括墙、门等。

西寨门位于西墙的中部，地理坐标为东经 109°56′39.84″，北纬 32°33′51.56″，海拔高程为 1549 米。以西寨门为中心，西墙可以分为西段和东段两段。

西寨门长 5 米，高 3.8~4.1 米，宽 3.8 米。门宽 1.7 米，进深两侧的中间偏下位置各有一直径约 0.15 米、深 0.6 米的门闩洞，门顶部建筑设计已不存在。此寨门上部为砖墙，砖墙勾缝用的是泥土和石灰混合物，颜色灰白色，下部分为石块堆砌，石墙外涂有厚厚一层泥土和石灰的混合物，保存较为完好（图版五七）。

③ 二虎寨西墙（420323382102190012）：西墙分东段（图版五八）和西段（图版五九），两段墙加之西门，呈半包围结构。东段呈东西方向，长 56 米。西段呈南北方向，长 70 米。西段北端的地理坐标为东经 109°56′40.20″，北纬 32°33′51.60″，海拔高程为 1567 米。东、西段整体墙宽 1.2~1.3 米，外高 1.2~4 米，内高 0.8~1 米。

（8）两省寨堡（420323353102190007）

两省寨堡位于鲍家河村北部东西向的鄂陕界岭之上（图版六〇），南为鲍家河（马河支流）北为歌风楼长溪源（白石河支流），西距竹白边界长城（浬泗沟段）约 3 公里。东部 6 公里处为天堂寨（海拔 1600 米）。

两省寨东、南、西三面有石墙，北部凭依山险形成一个围合整体，东南和西北面各有一道石门。平面形状为椭圆形，最长径呈南北向，最南端位于东石门东南 35.5 米，地理坐标为东经 109°47′47.72″，北纬 32°34′42.08″，海拔高程 1456.0 米。最北端位于西石门东北约 70 米，地理坐标为东经 109°47′69.04″，北纬 32°34′47.44″，海拔高程 1477.7 米。

东段与南段保存较好，外高 1.8~3.4 米，内高 0.8~1.6 米，宽 1.2 米，为连续墙体。西段内看无墙，外有高坎，且坍塌严重，有多处缺口。北部无墙，外据山险。

两省寨东石门，位于两省寨东南一角，地理坐标为东经 109°47′48.71″，北纬 32°34′42.86″，海拔高程 1453.4 米。方向为南偏东 80°，基本呈东西走向。门宽 1.4 米，北墙外高 3.2 米，内高 1.2 米，南墙外高 2.8 米，内高 1.2 米，石门附近堆积着大量的坍塌石块（图版六一、六二）。

西石门位于两省寨西北角，地理坐标为东经 109°47′46.07″，北纬 32°34′45.87″，海拔高程 1467.6 米。石门呈正东西方向，过道最窄处 1.27 米，最宽处 2 米，外宽内窄。北墙高 2.4 米，南墙高 3.2 米。在过道两侧的石墙上，有门闩孔（图版六三、六四）。

（9）天宝寨堡（420323353102190006）

天宝寨位于大庙乡鲁家坝村北部鄂（竹山县）陕（旬阳县）界岭之上，南为梭子沟，北为旬阳县水磨河（吕河支脉）上游的大石门沟，东约 2 公里处为大屋脊（梭子沟长城西北端点），西约 5 公里处为鹰嘴寨。

天宝寨石墙为一条围合体，平面基本呈椭圆形，方向呈东南—西北走向，最长径长约 180 米，最短径约为 80 米，占地面积 10000 多平方米。天宝寨西北为山顶，是天宝寨的最高点。东南地势低，天宝寨有东、西两道石门。其中，东石门位于天宝寨的东南偏北，地理坐标为东经 109° 42′ 32.64″，北纬 32° 36′ 17.16″，海拔高程 1362 米。门朝向东南，进深 1.5 米、高 1.73 米。以东石门和西北山顶为轴，可将石墙分为东北段和西南段，其中，东北墙长 160 米，西南段墙长 123 米，天宝寨石墙周长 283 米。石墙外高 2~3 米，内高 0.6~2 米，宽 0.9~1.2 米，天宝寨多处存在坍塌缺口。西南石墙的南侧为西石门，已坍塌。天宝寨内为山顶平台，由于当地人以前在此垦荒，建筑基址已遭破坏消失（图版六五、六六）。

除上述已调查长城遗存外，我们还调查了大石门沟长城等其他长城遗迹。

（10）大石门沟长城

位于湖北省竹山县至陕西省白河县边界长城梭子沟西侧大屋脊山顶，并未沿着鄂陕界岭向西延伸，而是西北向伸入陕西省境内，处在白河县与旬阳县界岭之上，这就是"大石门沟长城"。

大石门沟长城东南一段起自大屋脊山顶，地理坐标为东经 109° 43′ 27.69″，北纬 32° 36′ 27.70″，海拔高程 1325.4 米。至西北的山垭处为止点，地理坐标为东经 109° 43′ 06.72″，北纬 32° 36′ 56.15″，海拔高程 1108.5 米。全段长约 1138 米，东南高，西北低，沿线经过了 11 个折点。大石门沟垭子往西北仍有城墙延伸至陕西省境内，详细情况未知。

（11）界岭垭烽火台

界岭垭是竹白（竹山~白河）东部界岭的一道重要隘口，竹白公路自此通过，连通两省。据《中国文物地图集·湖北分册》介绍，界岭垭石墙遗址（得胜镇栈房村）是一条呈东西走向、由不规则青石垒砌而成、长约 150 米，宽 1.2~1.6 米，残高 1~2 米的烽火台基址[1]。

2001 年调查和此次调查，均未发现此段石墙。

（12）娘娘庙

娘娘庙位于得胜镇界岭垭村东部，西北为大文峪河，东南一侧为小峪河支流三里沟（图版六七）。娘娘庙处在大峪河与三里沟流域的界岭之上，地理坐标为东经 109° 57′ 37.52″，北纬 32° 32′ 51.57″，海拔高程 1261 米。

娘娘庙修于山顶之上，为一座面积约 20 平方米的单间硬山顶房屋，屋顶由青石作瓦，大多残毁。墙体为石块垒砌，外有泥土拌石灰混合物装饰。门坐西北朝东南，进门正对的西北墙上有凤凰彩绘（图版六八）。

在娘娘庙的西南一侧，有一座石高台和两个平台，这些建筑与娘娘庙均在山脊同一直线上，方向为北偏东 50°（图版六九）。

高台高出山顶约 1~2 米，从东南陡坡一侧观察，有一堵斜向石墙，长 9 米，宽 2 米，高约 6.5 米。

〔1〕国家文物局：《中国文物地图集·湖北分册》，西安地图出版社，2002年。

紧邻石高台的东北为山路和一个平台，平台位于山路两侧，宽约 6.3 米。其东北 17 米处为另一个平台。

（13）皇城山

皇城山位于文峰乡皇城村四组西北，东为子房沟，西为燕子沟，两河流自北向南汇入火炮沟。

在皇城山山顶南部为土城（图版七〇）。土城建于一个土台之上，现存有土墙，土墙沿山顶四周的等高线修筑，周长约 130 米，内为山顶平台。土墙呈黄色，内夹杂少量石块。墙体宽约 2 米，外高 2 米以上，内高 1.5 米左右，上宽 0.7 米，下宽 1.4 米。据当地人称，土城内原有房屋，现草木覆盖，已看不见墙基痕迹（图版七一）。

土城北为校场坝（图版七二），校场坝位于山脊之上，南北走向，长约 400 米，最宽处达 50~70 米，地势平坦开阔。

值得提及的是，皇城山也称"方城山"。

"方城山"，自先秦文献多有记载，最早见于《左传》文公十六年载："庸人帅群蛮以叛楚。……楚人谋徙于阪高……使庐戢黎侵庸，及庸方城。……遂灭庸。"此处"方城"指的是山、是城、是亭，左丘明没有指明。杜预注："方城，庸地，上庸县东有方城亭。"这里杜预认为是亭。

《史记·礼书》正义引《括地志》曰："方城，房州竹山县东南四十一里。其山顶上平，四面险峻，山南有城，长十余里，名为方城，即此山也。"

《元和郡县图志》记载："方城山，在县东南三十里，顶上平坦，四面险固，山南有城，周十余里。"

《宋本方舆胜览》"方城山，又名庸城山，在竹山县东三十里，山上平坦四面险固，山南有城周十里。"

《竹山县志》记载："方城山，县东三十里山上平坦，四面险固围护如城，故名方。舆胜览云山，南有城，周十余里，春秋庸地，楚使庐戢黎侵庸是也。"

《竹山县志》记载"子房城，即方城山，县东南五十里，猎者无心至其地。有丹炉铁基，重莫可举。大竹二个，时或乘叶扫地，洁而复起，有心性谒皆不见，世传张良会隐此，故名。"

理由有三：

①地望相符，皇城山所处地理位置，在竹山县东南直线距离 10 公里处，与文献中记载的县东南三四十里相符。皇城山往东为房县。

②山顶平坦，山南有城，也与皇城山北有校场坝、南有土城相符合。

③《竹山县志》中提及"子房城，即方城山"，在皇城山的东部，就有"子房沟"。

竹山县境内，处在界岭上最具防御规模的当数三里沟长城与竹、白边界长城，其他的多为山寨，位于城墙附近，属附属设施。

三里沟长城是湖北一面修筑，用于防范陕西省；竹、白边界长城是陕西省一侧修筑，用于防御湖北一面。防御态势有别，且两者相去甚远，很难将二者放在一起。

关于竹、白边界长城，嘉庆版《白河县志》记载了当时修墙的背景，"贼匪（白莲教）自数年以来，日事干戈，悍不畏死，兼之诡谲异常，计且百出"，而"乡勇本系农愚，随经操演，然遇贼不免胆怯。即施放枪炮，犹不免心惊手颤之虞。计唯凭高据险，或有恃得以无恐"。

当时的计划是"三百余里之地尽修筑边墙，则一面依持山险，一面隔断汉江"，"依持山险"主要是指县之东、南、西三道界岭，其中东界岭是黄龙洞以东至木瓜沟脑一百余里，南界岭是黄龙洞以西至紫木树垭止，西界岭是水磨河以北，历金河脑、五条岭，至歇马厂偏头山止（一百余里），北部有汉江天险，"若果于此……实有永远可以固守之势"。

至嘉庆五年四月二十日,"阳坡、紫木树垭二处三十余里工程业已告竣","阳坡"见于界岭两侧,竹山县一侧的鲍家河北部尚有"大阳坡"、"小阳坡"的地名称谓,在白河县一侧的歌风楼有"上阳坡"地名称谓,这几处都处在此次调查竹白边界长城东部,即位于淫泗沟长城附近。紫木树垭为竹白边界的西端。"紫木树垭"一名也见于梭子沟铺房中的"万古千秋"功德碑,碑文中作"梓木树垭",梭子沟就处在竹白边界的西端。调查与县志中记载吻合。

再向东,"南岔沟、小白石、香炉坪、黑龙观、东西坝、黄龙洞等处八十余里已修之四五",从两省寨(海拔1500米)、天堂寨(海拔1601米)往东,南岔沟位于东方寨(海拔1414米)、小界岭(海拔1691米)北部,小白石位于二虎寨(海拔1730米)北部,至界岭垭长达20多公里,海拔很高,沿线山势奇陡,多有山寨,这样的海拔与地势,根本没有必要修筑如铁炉沟那样的石墙。在调查两省寨时我们发现,多处凭借山险,在绝壁的南侧有一道土埂,这样的地形很难认为是自然侵蚀形成的结果。仔细观察,这样的土埂与淫泗沟东段构筑方式是一样的,旁边无石墙,也即《县志》中提及的"无石之处,始用土筑"。

在构筑方式上,除了在淫泗沟、两省寨所见的"土筑"方式,《县志》中提及的"其筑之法,垒石为堵","俱上为堵堞,下削城身,高或丈余,或七八尺不等。其间有通大路之□,俱修筑城门,以通出入。小路僻经,概行挖断",这与此次调查中所见的竹白边界石墙、雉堞、射孔、关(城门洞)、垭口小径是一致的。

至于山寨,多依附长城所修,无论是民用,还是官方所修,同属竹、白边界长城系统。据记载,当时白莲教活动于竹、白两境,甚是猖獗,山顶修寨,无论是作为百姓战时避难,还是作为"乡勇"居高镇守,都相当有利,如二虎寨寨墙非常高大,显非一般财力、人力能为。寨内尚有弹药库,推测官修的可能性较大。

在竹、白边境,我们所能见到的城墙主要是嘉庆五年(1800年)所修,至于是否存在更早的建筑和防御工事,《县志》中并未提及,此次调查中也未能找到实证。

附 【清】严一清《修筑边墙禀文》(摘自嘉庆版《白河县志》)

嘉庆五年七月十五日,通禀各宪办理边墙,一切情形由敬禀者本月十一日接奉宪札饬令,卑职将团聚乡勇及挖壕、筑垒、路径、方向情形即行禀复等因奉此仰见大人,宪台训斥属员,保全地方之至意,卑职遵查。卑县自元年以来,卑职俱劝令民间自备口粮,自行团练。统计卑县三十六乡,共居民八千余户,团练乡勇亦八千余人。有事则分守卡隘,无事则撤令归农。卑职节经开榜,禀明在案。然以卑县之大势而论,地方寥廓,居民鲜少。东自黄龙洞,西至陈家河中间二百余里,俱与竹山、旬阳交界。以二百余里之远,止此数千人设卡防守,若齐集为数大卡,则僻静分歧,贼匪?处可以偷越。若分散为各小卡,则贼匪蜂拥而来,众寡不敌,势必至于纷纷溃散。且贼匪自数年以来,日事干戈,恝不畏死,兼之诡谲异常,计且百出。乡勇本系农愚,随经操演,然遇贼不免胆怯。即施放枪炮,尤不免心惊手颤之虞。计唯凭高据险,或有恃得以无恐。卑职因与众绅士、乡总、堡总等悉心商议,计自黄龙洞以西至紫木树垭止,一百五六十里俱系卑县与竹山交界地方,俱有界岭,岭内俱系卑县居民。自水磨河以北,历金河脑、五条岭,至歇马厂偏头山止,亦有界岭一百余里,直出洵阳之大棕溪、展园,至汉江之口,其间卑县居民与洵阳县居民错杂而居。自黄龙洞以东至木瓜沟脑一百余里,亦有界岭,直出郧县之木瓜沟至汉江之口,其间岭内、岭外俱系郧县所属居民,与卑县边境相聚已二三十里。以上界岭虽分三道，然系一脉相通，山势亦互为联络。若果于此，三百余里之地尽修筑边墙，则一面依持山险，一面隔断汉江，实有永远可以固守之势。卑职已劝谕卑县居民计丁出夫。每丁夫十名，以五日为轮换。一半修墙、一半务农。自前四月二十日起，迄今已一百余日，所有阳坡、紫木树垭二处三十余里工程业已告竣。其南岔沟、小白石、香炉坪、黑龙观、东西堀、黄龙洞等处八十余里已修之四五。水磨河、白火石梁二处二十余里已修之三四。其五条岭以北七十余里，俱系淘阳所属地方，该处居民恐碍禾苗，未许动作，所以方始无工。总计于九十月间可以一律完竣。其（所）筑之法，垒石为堵。无石之处，始用土筑。俱上为堵堞，下削城身，高或丈余，或七八尺不等。其间有通大路之□，俱修筑城门，以通出入。小路僻经，概行挖断。惟冀筑成之后，当可同心固守，以保无虞。但东与郧县交界地方，俱平坡漫衍，或水田地衁，又系犬牙相错，断难防守。惟修木瓜沟暨大坪葛藤垭，则形势联络，实为万全之策。但事关隔省越境，难以办理。卑县民人断不肯隔数十里之远而代兴数十万之工。卑职现在敦召郧县之绅士、耆民等妥为商议。但新遭贼匪窜扰之后，又年岁不能丰稔，米价昂贵，郧民俱有畏难之意。卑职虽非本管官吏，反复劝导亦已应允。卑职又派卑县之店子沟、左家坪、北岩、高庄峪四乡居民帮修葛根垭，以助其工俟，工竣之后再行票报。外所有卑县现在办理团勇及挖壕筑垒，各情形理合绘图点说，据实票赍大人宪台鉴核并请崇安。

3. 房县

房县涉及长城墙体的乡镇为门古寺镇，主要涉及秦王寨和清安寨两座堡。下面我们自西向东依次介绍。

（1）秦王寨堡（4203253353102190001）

秦王寨位于房县门古寺镇马家村二组南 1.5 公里处。在周围 15 平方公里范围之内，四面临水，东、南有巨峪河，西有高塘河，北有秦口河，秦王寨居中扼要，可俯视四方。

秦王寨由带状平台、石门、石铺房、敌台构成。带状平台依自然山脊的走向呈南北向，长 190 米，宽 6~8 米。平台两侧为石墙，修于山脊两侧，内填土石，石墙与平台齐平，外高 1.5~3 米。带状平台北部为石门，南部则为铺房、敌台。

①北部石门：北部石门地理坐标为东经 110°20′51″，北纬 32°02′35″，海拔高程 870 米。寨门方向为北偏东 30°（图版七三）。石门由石块垒筑而成，平面呈半圆形。半圆正中为过道，长 4.7 米、宽 1.7 米，长度即石门的进深。过道处有门槛石与抱枕石，在门槛两侧的石墙上存有门闩孔（图版七四）。

②南部铺房与敌台：南部地势较北部高。南部第一层平台长 12 米，第二层平台依山体岩石和石墙，陡然增高，是整个秦王寨所在山脊的最高点，地理坐标为东经 110°20′53″ 北纬 32°02′31″，海拔高程 898 米（图版七五）。在这个最高点上，北部为铺房，南部为土质高台和石质敌台。铺房方向为北偏东 5°，东西长 3.5 米，南北宽 3 米，东、西、北三面石墙尚存，墙宽 0.4 米，高 0.5 米左右（图版七六）。北部尚存一门，宽 1.1 米。南墙地面不见。土敌台南距铺房 10 米，呈圆形，用土石堆筑而成，高出平台 2 米左右，呈上小下大状，顶部面积 3~4 平方米，底部占地面积约 20 平方米。土敌台东南侧为石敌台。石敌台呈方形，长、宽各 1.5 米，高 0.5 米。两高台均处于制高点。

秦王寨与一般山寨不一样，长带状的平台上若能建房屋，面积也如同铺房一样小，铺房、敌台等一类建筑，说明它更像是一处哨所之类建筑（图版七七）。

此次调查在三个地点做过试掘工作。其中，北侧第二层平台上、下均进行试掘，编号分别为 TG1 与 TG2，两试掘坑均 1×1 平方米。TG1 为腐殖质层泥石混杂层，无遗物。TG2 在腐殖质层下可见黄色疏松土，土中含有大量的小石块。在铺房西北一角的试掘坑编号 TG3。TG3 中发掘出大量的青灰砖、布纹板瓦等遗物。另外在铺房周围还采集了许多相同的砖瓦遗物，其中部分青灰砖上尚有石灰黏附。以试掘状况和墙体的风化程度来看，地面现存建筑，如石门、铺房等修筑时间不会太早。而长带状平台及其墙体的风化程度更为严重，似乎在更早的时间就有建筑工事，只是几经毁建，而今难寻最早的面貌（图版七八、七九）。

（2）清安寨堡（420325353102190002）

清安寨位于门古寺镇马家河村四组西部，南部为大坪山，其他三面临水，东部与北部为秦口河，西部为大峪河。清安寨与秦王寨隔大峪河相望。

清安寨寨门位于山顶之北，宽 1.7 米，高 2.1 米。过道为进深，长 7.6 米，方向为北偏东 25°（图二八）。寨门两侧的寨墙上，石块垒筑规整，凿痕纹路清晰。寨门处地理坐标为东经 110° 20′ 14.5″，北纬 32° 02′ 32.8″，海拔高程 596 米（图版八〇）。

在清安寨东北部有一条长 50 米，外高 4 米，内高 0.8 米的石墙与寨门相连，方向呈南北向（图版八一）。石墙内侧有多处房基遗址。

沿着山寨东部陡峭的山崖可

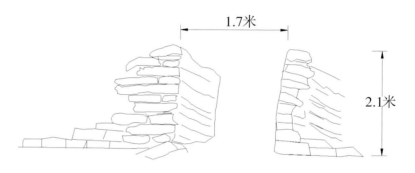

图二八　清安寨寨门

达山顶。山顶最高处为石块垒筑成一约 40 平方米的高台。山顶处坐标为东经 110° 22′ 12″，北纬 32° 02′ 29″，海拔高程 629 米（图版八二）。

山顶南侧和西侧由多道石墙将山寨包围。

4．郧西县

郧西县涉及长城墙体的乡镇有湖北口乡和上津镇。

（1）白山寨长城（420323382102190001）

白山寨长城位于湖北省十堰市郧西县湖北口回族乡虎头岩村七组东，东略偏北距虎头岩村治约 2000 米。测量基点（湖北口回族乡虎头岩村卫生室大门中心点）地理坐标为：东经 109° 38′ 23.5″，北纬 33° 9′ 22.1″，海拔高程 954 米。

白山寨长城墙体全长 287 米，可以分为五段。

①段：①段之东北端为山险，山险长约 100 米，宽 1~2 米，呈东北—西南走向。山体是否已经人工修整不甚明显；但根据山脊走向推测，该段山险之上可能曾建有石墙（图版八三）。

①段全长约 10 米，为人工基础的石墙，长约 10 米，宽约 1.9 米；呈东西走向。①段墙体利用自然耸起的山脊，毛石干垒起墙；墙体残高 3.6~4 米，由石块平砌筑成，残存 13~20 层，各层厚度不一，为 0.15~0.35 米，但各层内使用的石块大多规格相似，以石片填塞缝隙；砌墙石块应经人工修整，均呈长方体，风化严重，规格约为长 0.4 米，0.3 米，高 0.1~0.5 米。

②段：大体沿着一条西低东高的山梁中脊修建，坡度约 45°，整体走势略弧，内弧朝向虎头岩村村委会方向。残长约 74 米，宽 1.9~2.1 米（图版八四）。

墙基未顺沿山坡同时起筑，而是采用水平方法在崖顶砌筑。墙体残存 30~50 层，各层厚度不一，为 0.15~0.35 米，但各层内使用的石块大多规格相似，以石片填塞缝隙。墙体残高约 4.6~6 米。长城墙体外壁叠筑加工整齐的条形巨石，错缝平砌，向上渐有收分。砌墙石块应经人工修整，均呈长方体，风化严重，规格约为长 0.4 米，0.3 米，高约 0.1~0.5 米。内壁墙基大多用稍大的块石砌筑，其上则以板石、梯形或三角形的楔形石砌筑，压缝不甚规整。墙内以梭形石和长条形石插缝错砌，并与外壁之石料相互咬合，缝隙之间填充碎石。墙体、墙顶是否培土已经不可考。在山坡较陡处墙体顶部筑成阶梯状，每阶之间距离 2~3 米，向下层逐渐递减，落差 0.4~0.6 米（图版八五）。

③段：沿白山梁山脊修建，大体呈水平走向，直长条形。残长约 50 米，宽 2.1~2.4 米。

墙基采用水平方法砌筑。墙体残存 1~6 层，各层厚度大体接近，为 0.2~0.3 米，墙体残高 0.2~1.6 米。墙体最矮处在小路与墙体交点。

墙顶矮墙，介于女墙与垛口之间。然而，似乎都有矛盾，显然不能归于女墙，但是，又不符合"垛口是指城墙顶部外侧连续凹凸的矮墙"这一定义。根据其他部位的状况，我们分析认为，类似墙体还是应当命名为垛口，只是由于天长日久，顶部连续的凹凸已经遭到了破坏（图版八六、八七）。

④段：沿白山梁山脊修建，大体呈水平走向，环形墙体。长 33 米。保存较好，无垮塌。

墙基采用水平方法砌筑。墙体残高 16~18 层，各层厚度大体接近，为 0.2~0.3 米，墙体残高 3.0~3.6 米。墙体由 5 列条石筑成，宽约 2.1~2.4 米；各列石块因摆放方式不同而宽度有异。

墙体顶上的构造较为简单，仅见垛口与马道（图版八八）。

⑤段：沿白山梁山脊修建。亦是白山寨长城之西南端点；东北端高而与④段平齐。坡状墙体。水平方向上长 20 米，高 0~2.2 米。保存一般，局部自然垮塌，但没有形成明显的垮塌堆积。

垂直方向上，分 10 层，亦为 10 步，各阶级之间的落差为 0.2~0.3 米，各层之间填以楔形石块或者石板、小碎石（图版八九）。

从历史地理上看，此地处于秦楚交兵之地，白山寨似寨非寨，线性防御墙体特征十分明显，该长城墙体建筑虽然没有找到史料记载，但是，现存墙体遗迹建筑用材硕大，建筑气势雄伟壮观，且上世纪 70 年代，山下百姓在山地耕种时，捡到战国铜戈保存至今不失为一个有力的佐证。通过对遗迹现场的建筑方式、建筑用材、建设规模和地理环境等分析，白山寨长城可能是湖北境内存在的早期长城墙体之一。

（2）湖北口关

湖北口关位于湖北省十堰市郧西县湖北口回族乡湖北口村三组天宝山南麓，坐落于湖北陕西两省之间。其地理坐标为：东经 109°28′42.7″，北纬 33°11′26.3″，海拔高程 1097 米。

湖北口关平面呈矩形，东西宽约 4 米，南北长约 100 米（包括楚亭、秦亭），占地面积约 400 平方米，周长约 208 米。

湖北口关整体上由关堡和与之相连的两道南北向的石墙（分别称南墙、北墙，保存较差）组成。

① 湖北口关（420322353101190001）：湖北口关通高约 18 米。关墙高 10~12 米，上部有高约 1 米的女墙，女墙顶部有垛口，垛口之下相间分布有射孔。

关堡顶部正中建有一个城楼，城楼平面呈方形，长 18 米，宽 4 米，楼高 6 米，为单檐歇山顶式建筑。城楼两侧的女墙高约 1 米，各设垛口 7 个，射孔 7 个。

② 湖北口关附属石墙（420322382102190002）：石墙分南、北二墙。南墙长 80 米，为混合基础的石墙，大多利用山脊的自然隆起，局部下凹位置由人工堆土筑成墙基，墙基之上毛石干垒起墙，居高临下，连接起湖北口关和关南部的凤凰山。

此段石墙仅存高约 0.1~1 米的墙基或墙体。现存墙体均依山势而建，墙体顶部布满大小不等的石块。

关堡北部的北墙长 74 米，亦为混合基础的石墙，此条墙体遭到更严重的破坏，基本不见原始墙体，仅见土石混筑之墙基与残高 0.1~1.3 米的墙体，墙体表面起伏不平，显系人为破坏，残存墙体现已辟为小路，蜿蜒通往天宝山主峰。

综上所述，湖北口关墙总长约 254 米，横跨于两省交界，控制着陕西、湖北的咽喉，历来为兵家必争之地，因此其地理位置及军事意义十分重要。

（3）虎头岩堡（420322353102190003）

位于湖北省十堰市郧西县湖北口回族乡虎头岩村十组虎头岩（山体）北侧。

虎头岩堡的墙体可分为两大段：

①段墙体起自虎头岩村十组虎头岩山体东端（山腰上部），止于虎头岩村十组虎头岩山腰上部偏西。起点坐标：东经 109°38′25.8″，北纬 33°09′23.3″，海拔高程 838 米。止点坐标：东经 109°38′25.1″，北纬 33°09′23.2″，海拔高程 838 米。墙体全长 115.8 米，呈东西走向。

墙体为人工基础的石墙，保存一般。墙体各段均有不同程度的垮塌，现存高度多在 1 米左右；保存较好的部分尚有存 2 米以上者。保存最好的可达 2.8 米左右，主要是在墙体西段靠近门口的部分。

①段分布在海拔 838 米的山腰，独据天险，人迹罕至，其损毁大多于自然原因有关。据当地村民所述，当多雨之年，岩顶山洪每每爆发，洪水势若奔虎而下，形成瀑布景观，犹如"花果山水帘洞"。墙体缩在崖内，故仍存至今，但损毁多有此因。

②段墙体起自虎头岩村十组虎头岩山体东端（山腰中部），止于虎头岩村十组虎头岩山腰中部偏西。起点坐标：东经 109°38′25.6″，北纬 33°09′23.3″，海拔高程 802 米。止点坐标：东经 109°38′25.4″，北纬 33°09′23.2″，海拔高程 801 米。墙体全长 30 米。水平方向上，呈东西走向，西低东高。

墙体为人工基础的石墙，保存一般。墙体上部，疑当有女墙，现均已无存，仅在东部保存有登城步道数十级。

第②段朝向虎头岩村（北方），而南弧向岩体一侧。墙体又沿山体走势分布，东高西低。迄今仍存者，三十米；东、西两侧之外延，尚不得而知。

墙体以毛石干垒法筑成，多采用山石；墙体东侧石料均泛黑色，与山岩相同。而石料因用途不同，仅略加修整或不修整：登城步道所用石料，大都呈比较规则的方形；至于其他各段墙体所用石料，无明显加工痕迹。

根据墙体结构及周边环境推测，第①段墙体更接近于围墙，即结合岩体、墙体共同组成的院落，其内布局有房屋数间，可以居住，可以防匪；故而不设登城步道、少设瞭望孔、石料少加修整，而墙体与岩体之间的空间较大，其防御性较差，大概仅利用地势而已。

第②段则不同，仅存的三十米墙体上，布设有规整的瞭望孔、登城步道，墙体与岩体之间石基布局整齐、面积相似，当为经过统一规划建设的铺舍等军用设施，具有较强的防御性。兼之，第②段延伸至虎头岩东端，与白山寨长城隔关而望，二者之间可能存在联系。单从地形而论，二者之间的联系当与军事有关。

（4）小寨子堡（420322353102190002）

小寨子堡位于十堰市郧西县湖北口乡塔坪岭村七组。方向坐东朝西，其地理坐标为：东经

109° 33′ 46.0″，北纬 33° 9′ 7.3″，海拔高程 1112 米。

关堡平面呈不规则形，占地面积约为 280 平方米。仅在堡南、前门、后门设有石墙，北面利用山险。堡之周长为 165 米，其中石墙 85 米，山险 80 米，现存石墙残高在 0.2~2.1 米之间，最高点在堡门之处，堡南墙多已坍塌或被拆毁，局部残高仅 0.2 米左右（图版九〇、九一）。

堡内除两处城门外，不见其他建筑；总体上看，该堡保存较差。关堡的设施自西向东依次为堡墙—前门—堡城—后门—登城步道，西东中轴线长 69 米（图版九二、九三）。

（5）上津古城

上津古城地处十堰市郧西县上津镇西南，位于金钱河东岸，金钱河与泗峪河在城之西北交汇。其地理坐标为：东经 110° 0′ 10.2″，北纬 33° 10′ 68.4″，海拔高程 278 米。

现存的上津古城始建于商代,现存城墙为明洪武元年，正德年间复修至明嘉靖年间三年秋告成，清顺治七年再次全面复修，2005 年上津镇人民政府再次整修。

城呈足靴形，内设九条街，意为"立足于长治久安"。城周长 1500 余米，墙宽 5 米，高 9 米。

城设四门：东曰向郧，北曰按秦，南曰达楚，西曰通汉。

5. 郧县

郧县涉及长城墙体的乡镇为鲍峡镇。主要涉及香炉寨烽火台和将军寨石墙遗迹。

（1）香炉寨烽火台（420321353201190001）

香炉寨位于湖北省十堰市郧县鲍峡镇大堰沟村三组。其正中点地理坐标为：东经 32° 37′ 36.5″，北纬 110° 22′ 19.9″，海拔高程 930 米。此寨主要由烽火台和关堡构成，另外还包括罗城，瞭望孔排水沟等附属建筑。

香炉寨烽火台平面形状不甚规则，其占地范围：东西长 30.8 米，南北宽 25 米；占地面积约为 374.4 平方米。烽火台及其墙体主要是石墙，亦有土墙叠压于石墙之上，周长约为 129 米。土墙长度为 6.8 米。烽火台为石质。烽火台平、剖面皆呈矩形（图二九）。

①烽火台：台基呈正方形，边长为 4 米；台基建于山脊之巅，相对高度 4.4 米。台基之上高 2.7 米处砌第二层台基，其平面形状不甚规则，主要根据山顶平地的形状修建而成。第一层台基之上 4 米建有烽火台，台之平面呈正方形，边长 1.45 米。台上分布有大量砖瓦残片。根据这些砖瓦残片及文献推测，香炉寨使用下限为明清时期（图版九四、九五）。

②罗城：墙体保存一般。西北部墙体保存较好，现存石、土墙长 6.8 米，土墙叠压于石墙之上。石墙高 2.7 米,宽 0.7 米，毛石干垒构建；土墙残高 1 米,分为三层干打垒，夯层明显。西南角墙体上部已经无存，仅存石墙，残高 1~4 米不等，残存墙体上留有瞭望孔、射孔（图版九六）。

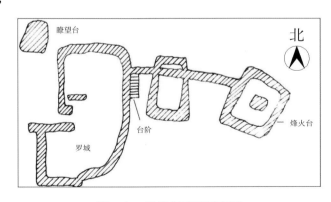

图二九 香炉寨平面示意图

在城内还发现一条排水沟。

③瞭望孔：两个，位于墙体之中部，距地面 1.5 米。孔呈正方形，边长为 0.2 米（图版九七）。

④射孔：两个，位于墙体下部，孔径较大，边长在 0.5~0.6 米之间。

⑤排水沟:位于城内北部,现存沟体用条石砌成,宽0.6米,深0.5米,长1.0米。沟内落满杂草、枯叶。

香炉寨地势险要,该烽火台亦布局独特。所选石料为就地取材的板石。瞭望台与罗城之间地势稍低,间为小路,甚窄甚险,而瞭望台处可以俯瞰山下,可最先发现敌情。

另外,在香炉寨的南北两侧,密集分布着四方寨(海拔1417米)、阿合寨(海拔1227米)、观音寨(海拔1332米)、金盆寨(海拔1011米)、剥皮寨(海拔1492米)、中心寨(海拔1011米),这些寨密集分布与鄂陕两省交界处。因此攻防意义十分重大。

(2)将军寨

将军寨位于桂花公社所在地与佛山之间之地势较高处。其山门处地理坐标为:东经110°52′49.5″,北纬32°57′10.7″,海拔高程677米。

由于年久失修,将军寨已经被基本破坏殆尽。

残存寨墙基本沿等高线分布,呈弧形,弧向东北方。是山寨的西寨墙。

6. 丹江口市

丹江口市长城相关遗存涉及的乡镇为习家店镇、大沟林业管理区、凉水河镇。主要涉及铜锣寨堡、寨山堡和五虎寨堡:

(1)铜锣寨堡(420381353102190001)

铜锣寨堡位于大沟林业管理局。距十堰市区104公里,距习家店镇29公里,地处鄂豫两省丹、郧、淅三县(市)交界,东北与河南省淅川县滔河乡、盛湾乡相邻,西北与郧县梅铺镇、白桑关镇、安阳镇交界。

此地地形复杂,山势险峻,各省之间仅有山间小路相沟通,因此易守难攻,自古以来为兵家必争之地。在管理区坐落了十余座山寨遗存,分散于管理区内部。铜锣寨便是其中之一。

铜锣寨位于管理区曹家店村三组、铜锣寨山山上。山脚下曾经有大竹园村,后村民外迁。

铜锣寨所处山顶的地理坐标为:东经111°13′17.70″,北纬32°52′28.20″,海拔高程1048米,(图版九八、九九)。山顶四周仅存一段三米的石墙,石墙宽0.4米,高1.3米,周长约35米,为就近采集的砾石石块堆砌而成(图版一〇〇)。石墙内部有近四十平方米的小平地。20世纪二三十年代铜锣寨寨顶尚有较长的石墙,50年代山脚下围堰造地,将山顶的石块破坏殆尽(图版一〇一)。

通过走访得知:铜锣寨为清朝末期当地村民防土匪所用,而此寨的修筑时间远比清朝年代早。铜锣寨方圆五公里的范围内,密集的分布着牛花寨、女花寨、黎巴寨、围脖子寨等数座堡类遗迹,这些山寨整体呈南北分布,大致坐落于鄂豫的边界,东部为河南省,西部为湖北省。因此我们可以大致推断这些寨子为古时鄂、豫互相攻防之用。

(2)寨山堡(420381353102190002)

寨山堡位于丹江口市凉水河镇檀山村境内,山寨和石墙均位于路旁的一座高山上。沿山间小路蜿蜒上行约1.5公里,经过数十级的台阶,可达寨山堡南门(图版一〇二、一〇三)。石门高约1.9米,宽近1米,进深0.9米。此门保存较好,两侧石条和封顶石上均有穿孔,应为安装木门之用。通过两座小石山,沿石门下的石阶继续上行约35米,发现有翻修小庙一座,香火旺盛。此庙坐北朝南,南部正对着山脚下的檀山村(图三〇)。

寨山山顶四周有石墙围绕,整体呈不规则形状。根据寨山石墙的朝向,我们将寨山共分为四段:

①东段:寨山东段偏南有45米的长度为悬崖,崖高约7米,悬崖的北部为石墙,石墙长114米,宽0.6米,高1.2~3.7米,由大青石垒砌而成。东、北墙的交汇处有长约4.5米的缺口,为人为的

毁坏，缺口连接另一条下山的通道。东部正中点的坐标为东经111°19′51″，北纬32°40′53″,海拔高程675米(图版一〇四、一〇五、一〇六)。

②北段：北段石墙长81米，高1.1~2.3米，宽0.6米，北部有长度约75米的陡峭悬崖，西、北交界处也有下山通道。为后人所开辟。北部正中点的坐标为东经111°19′19″，北纬32°40′55″，海拔高程683米（图版一〇七）。

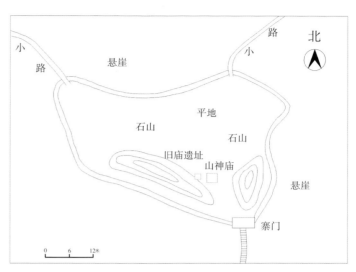

图三〇　寨山石墙平面图

③西段：西段石墙长305米，宽0.6~1.3米，高2.1~4.3米。西部墙体有四处的垮塌，为山体滑坡所致，但是现存石墙的墙体较高，所在地地势险要。西南为近圆形的连接点。西部正中点的坐标为东经111°19′02″，北纬32°40′49″，海拔高程672米（图版一〇八）。

④南段：南段石墙长87米，宽0.8~1.5米，高1.8米。建立在乱石之上，正中部有石门，门下有石台阶。南部石墙由较大的石块组成。石门的坐标为东经111°19′05″，北纬32°40′48″，海拔高程671米（图版一〇九、一一〇）。

山顶建筑为新建的山神庙，山神庙的正门两侧有五通石碑（图版一一一），石碑上均有字，大部分已模糊不清，主要为功德碑。通过其中一通功德碑我们可辨认的文字为：

监生光绪十四年□□吉日重修碑寨门施舍祖师殿霄业山主名李光生陈连栋李光德杨万有。

此庙正中坐标为东经111°19′04.74″，北纬32°40′51.78″，海拔高程685米。

新庙正西3米为旧庙遗址，为正方形的墙体，长5.5米。旧庙仅存墙基，墙基均由大块的方形条石垒砌而成。

（3）五虎寨堡（4203813531021900003）

五虎寨堡位于习家店镇青塘村九组。五个堡依次分布在相邻的五座山的山顶，自东北到西南一字排开，山体绵长，似五只猛虎，因此得名"五虎寨"。其东寨起点地理坐标为东经111°13′44.82″，北纬32°48′56.52″，海拔高程433米。此寨西南约5公里还有青塘村战国遗址。

五虎寨主要由每座山上的两道护卫石墙（敌台）和一段主体石墙组成。其中敌台为古时瞭望站岗时所用，石墙主要起防御作用。敌台保存较好，石墙除了第五寨（又称东寨）保存较好之外，其他各寨保存较差，遭破坏的原因主要为上世纪50年代末期在山里围堰屯田。

第五寨（东寨）的石墙由小块砾石砌筑而成，内高均高0.5米，外高均高0.8米，宽1.1米，石墙整体整齐匀称，气势恢弘。整个山寨沿山脊依势而上，在山脊断崖处则不构筑石墙，主要依靠险峻的山势作为天然的防御屏障。石墙巧妙地将山顶较平坦的地带包括在内，石墙外部则是险峻的陡坡（图版一一二），因此此地石墙易守难攻，构成一道防御体系（图版一一三、一一四）。

东寨寨顶的石墙与第四寨的石墙汇合成一体，通过石墙将两座山连接起来（图版一一五至一一七）。山顶制高点处地理坐标为东经 111° 14′ 10.3″，北纬 32° 49′ 42.8″ 海拔高程 597 米，和两寨石墙交汇处各有一道石门，均仅存门洞。

我们在离第四寨和第五寨汇合处南部约五十米的石墙内侧进行了试掘（图版一一八），开设三个宽 1、长 2.5 米，深达生土、垂直于石墙的探沟。发现此处地层经过人工扰动，为堆砌而成，但没有经过夯筑，试掘坑内均没有发现遗物。通过试掘我们发现石墙内侧约 2 米的"过道"不是天然形成的，而是人工自他处取土将此地层层堆砌而成的作为防御的台阶。五虎寨东寨的石墙总长为 559 米。

其他四寨的敌台保存完好，形制与第五寨一致。但石墙保存状况很差。大部分消失殆尽，只有小部分仅存零散的墙基（图版一一九）。

通过对当地村民的采访我们获知：五虎寨东北部还有贾寨（距此 40 千米），朱家寨（距此 5 千米）。这些山寨大致连接成一条直线，分散的坐落于鄂豫边界。

根据当地人的传说，五虎寨为战国时期由楚国修建，用于防御秦国的攻势，由于我们在试掘过程中没有发现早期的遗物，此说法还有待进一步考证。

通过前面对丹江口市三处石墙遗址的调查，可知鄂豫边界地带防御体系的特点为：多分布于鄂豫边界地带的崇山峻岭之间，构筑形式多以石墙为主，石墙坐落于地势较高的山上，起到互相瞭望、警戒的作用，类似于烽火台的性质。这一地区的防御体系的构筑有其特定的原因：

①此地区山势陡峭，大多数山起伏很大、坡度极陡，很难构筑起连贯的长城墙体，因此多在重要的位置上构筑山寨以起到防御作用。

②正因为这里的地势险要，完全可以依靠险峻的山脉起到防御作用，只需要在关键位置设立关卡、少数墙体即可起到很好的防御作用。

关于在这些石墙的修筑年代，虽不能确定其最早修筑年代，但可以确定的是，早在东周时期，此地便已有方国的存在，从地理位置上而言，亦是当时秦、楚和中原诸国重点争夺的地区，因此有着悠久的筑城历史。

7. 张湾区

十堰市张湾区涉及长城相关遗存的地点包括牛头山国家森林公园、汉江街道办、长平塘村。主要涉及牛头山堡、潘家寨堡和红岩寨堡。

（1）牛头山堡（420303353102190001）

牛头山堡位于十堰市张湾区西南 5 公里的牛头山国家森林公园内。石墙墙体最南端的地理坐标为东经 110° 43′ 06.00″，北纬 32° 36′ 13.26″，海拔高程 803 米。牛头山堡包括：堡墙主体、石门、铺房、烽火台等遗迹。

整个堡依山就势，呈东北—西南走向，堡整体保存较好，呈不规则的梯形。北部和南部两道墙体依山脊修建，与东部墙体合围成闭合的整体。所有石墙均由整齐的条石垒砌而成。

牛头山堡总长 3168 米，其中，保存状况较好的有 1505 米，保存一般 930 米，保存较差 490 米，保存状况差的有 243 米（图版一二〇）。

石墙

东段

牛头山东段石墙总长 1018 米，发现有石门、铺房、关堡类相关遗存。根据石墙走向可以将东部石墙再分为九段。下面我们分别介绍各段石墙及其附属遗迹。

　　第一段：起点坐标为东经 110°43′06.30″，北纬 32°36′13.62″，海拔高程 802 米。墙体内高 0.37 米，外高 0.7 米，宽 0.91 米，长 78 米。方向北偏东 15°。此段墙体依山势逐渐向山底倾斜。

　　第二段：地理坐标为东经 110°43′07.74″，北纬 32°36′01.56″，海拔高程 785 米。墙体内高 1 米，外高 1.98 米，宽 0.8 米，长 55 米。方向北偏东 62°。此段墙体内地外高，整体趋势近平，走向较直，终点部分石墙残损。

　　第三段：此段墙沿山势向上延伸，并呈半圆状。地理坐标为东经 110°43′09.18″，北纬 32°36′16.68″，海拔高程 794 米。墙体内高 0.53 米，外高 1.7 米，宽 0.97 米，长 14 米，方向北偏东 35°。

　　第四段：此段墙体方向基本未变，墙体继续向上延伸。地理坐标为：东经 110°43′06.05″，北纬 32°36′17.04″，海拔高程 798 米。墙体内高 0.5 米，外高 1.1 米，宽 0.71 米，长 45 米。方向北偏东 53°。距离第四段 18 米处发现一个石臼，石臼为圆形，上宽下窄。其直径 31 厘米，深 26 厘米，推断为前人捣米所用。我们在石臼西侧开设一条长 3.2 米，宽 1 米的探沟，并未发现有文化层及遗物。第四段墙体在一座悬崖边结束。此处墙体，内高 2.2 米，外高 3.1 米，较第四段其他位置稍高。地理坐标为东经 110°43′11.58″，北纬 32°36′17.82″，高程 807 米，方向北偏东 55°。

　　第五段：此段石墙外侧为悬崖，内侧为宽约 1.3 米的过道，内高 0.52 米，外高 1.1 米，宽 0.86 米，长 68 米，方向北偏东 12°。石墙尽头为巨大石块形成的天然屏障，第五段亦在此结束。

　　五、六段之间存在 311 米的无墙地段。

　　第六段：距第五段 311 米处有一段长 14 米的石墙，石墙两侧均为陡坡。石墙中部有一座石门，只存有门槛和几个台阶，石门宽 1.3 米，高 0.5 米，进深 1.4 米，地理坐标为东经 110°43′19.26″，北纬 32°36′31.38″，海拔高程 669 米，方向北偏东 25°。石门到第七段 75 米间无石墙。

　　第七段：距上个石门 75 米处有一段长 33 米的石墙，石墙中部的石门为近年修葺，地理坐标为东经 110°43′16.50″，北纬 32°36′32.22″，海拔高程 639 米，方向北偏东 66°。山谷石门到第八段墙之间有 71 米的距离无墙。

　　第八段：石墙不高，依山势向上，地理坐标为东经 110°43′13.56″，北纬 32°36′33.12″，海拔高程 662 米，墙内高 0.8 米，外高 2.5 米，宽 0.9 米，长 15 米。方向北偏西 30°。

　　第九段：第九段为坡度近平的石墙。地理坐标为东经 110°43′15.36″，北纬 32°36′34.56″，海拔高程 670 米，墙宽 0.7 米，长 46 米，内高 0.4 米，外高 1.3~4.1 米。此墙内侧较矮，外侧稍高，尽头为悬崖。悬崖向北 63 米无石墙并与牛头山西段石墙相望。此处主要依山险作为防御。

　　另外，在第四、五段之间我们发现一座关堡类遗存，当地人称之为老虎寨。此堡由较工整的石块垒砌而成，石条墙宽 0.82 米，高 0.5~2.9 米，在寨墙内侧有宽约 1.5 米的过道，而寨顶则为地势较高的小丘（图版一二一、一二二）。

　　距第五段 220 米处我们发现一座铺房，呈南北走向，长 11.8 米，宽 6 米，面阔 3 间，进深 1 间。主要有两个主体房屋组成，其中一间长为 3.5 米，另一间长 8.3 米，两房之间有石墙基，推测应为石墙。铺房中心点地理坐标为东经 110°43′17.40″，北纬 32°36′29.34″，海拔高程 712 米。铺房墙宽 0.6 米，高 0.2~1.3 米。方向北偏东 25°。通过在铺房内开设的宽 1 米，长 5 米，深 3 米的探沟，我们发现一些青花瓷片，可复原，推测年代为明清民窑碗。铺房东侧石墙保存较好，西侧石墙与南侧石墙只有墙基，北侧也只剩下高 0.45 米的墙体。通过观察发现屋门应在西墙北部，在较小的北屋发现一块用火烧过的石条，估计是当时灶上的石块，因此可以推断，北屋应为厨房，南屋应为起居室（图版一二三）。

西段

西段墙体总长 887 米。发现有石门、铺房等相关遗存。西段石墙保存完好，均由条形砂岩垒砌而成，石块之间以黄土作为黏合剂。西段石墙可以分为六小段。

第一段：为牛头山石墙的起点。其地理坐标为东经 110°43′06.00″，北纬 32°36′13.26″，海拔高程 803 米，石墙长 46 米，宽 0.5~0.7 米，内高 0.42 米，外高 1.31 米；石墙方向北偏东 20°。

在此段尽头为一座拱形石门，由条石垒砌而成，石门高 1.82 米，宽 1.04 米，进深 1.72 米，门外有下山台阶（图版一二四）。

第二段：石墙起于石门，起点地理坐标为东经 110°43′06.12″，北纬 32°36′14.70″，海拔高程 789 米，长 78 米，宽 1.05 米，内高 1.34 米，外高 2.27 米；方向为北偏西 25°。终点止于一个悬崖底部。

第三段：石墙开始于第二段悬崖的顶部，同时也是此山的山顶，其地理坐标为东经 110°43′04.92″，北纬 32°36′16.92″，海拔高程 784 米。此石墙较直较长，长 261 米，宽 1 米，内高 1.6 米，外高 1.92 米；方向北偏西 15°。

第三段终点位于一个悬崖底部。终点石墙高 0.48 米，宽 0.67 米。在离第三段石墙终点 7 米处的石墙：宽 1.4 米，内高 0.64 米，外高 2.53 米。

第四段：石墙位于第三段终点的悬崖顶部。其起点的地理坐标为东经 110°43′04.74″，北纬 32°36′26.64″，海拔高程 749 米。石墙长 210 米，宽 0.93 米，内高 0.83 米，外高 2.3 米；方向为北偏东 58°。

距离第四段起点 9 米处有一道石门，石门内高 1.76 米，外高 2.5 米，宽 0.96 米，进深 1.2 米，顶宽 0.3 米。门两侧的墙体分为两层，上层较新，下层稍旧，上层宽 0.98 米，底层宽 1.68 米，此处石墙外高 2.51 米，内部上高 0.88 米，下高 1.1 米。

经过试掘，发现在此石门的下部仍然存在石墙，并在底部靠近门的正下方有一个门槛和若干台阶，因此我们可以推论此处的石墙及石门并不是一个年代所筑，而是分为早晚两个时期。早期为较宽大的石墙，后期在旧石墙上方新筑石墙和石门。

第五段：起点坐标为东经 110°43′09.30″，北纬 32°36′34.62″，海拔高程 748 米。长 146 米，宽 0.9 米，内高 0.6 米，外高 2.41 米；方向北偏东 25°。第五段终点处有一处悬崖，高约 6 米。

第六段：起点位于第五段终点悬崖崖顶。其起点地理坐标为东经 110°43′12.12″，北纬 32°36′38.04″，海拔高程 746 米。长 48 米，宽 1.1 米，内高 1.4 米，外高 2.7 米；方向北偏东 70°。

距离本段起点 12 米处有一道石门。北部石门高 2.08 米，南部高 1.14 米；石门间宽 1.6 米，进深 2.6 米。石门及石墙的外侧为石块垒砌而成，内侧则为黄土夯筑而成。其坐标为东经 110°43′14.16″，北纬 32°36′38.46″，海拔高程 745 米。

此段石墙的南侧存在二次垒砌的现象，上窄下宽。上宽 1 米，下宽 1.22 米；石墙整体外高 2.6 米，内部上高 1.1 米，下高 1.08 米。

经过我们的试掘，我们发现下层的土墙有分层现象，共分为六层，可以清晰地看到石墙和土墙的分界线，同时可以推出这两段墙不是一个时期的建筑：石墙是在打破一部分土墙的基础上建立起来的（图版一二五）。

比较有特点的是，在第六段起点处有两道石墙延伸，存在早晚关系，是在有城门石墙的基础上后建的一直延伸到另一个山顶的较晚石墙。

在此石墙的终点处有一道石门，高1.1米，门间宽1.56米，进深1.8米。

终点有一个边长4.3米的方形铺房。铺房底部为石地基，上部为黄土夯筑而成。经过试掘，在铺房内发现大量青瓦，均为素面，推测瓦片年代为明清时期（图版一二六、一二七）。

整体看来，牛头山石墙总长1905米，宽0.5~1.56米，高0.4~4.1米。一共发现石门7处，其中西部部署石门4处，东部有石门3处；遇到悬崖的断点5处，铺房2座。

对西部石墙调查后得出的初步结论：从试掘中可以发现整个石墙明显建于两个不同的年代，上部为条石垒砌而成，下部则为黄土夯筑而成，两个时期的石墙之间存在打破关系。与石墙有关的地层中出土有清代遗物，而土墙内没有发现任何文化遗物。

（2）牛头山土墙（420303382101190001）

牛头山土墙位于石墙的西南部，总长1263米，损毁严重，只能依稀辨认出人工加工过的痕迹，土墙沿山脊向西南延伸，最后到达山顶农家乐的后院（图版一二八）。

通过对牛头山堡及相关遗存的试掘我们发现，牛头山堡沿线大部土层较单纯，基本没有出土早期遗物，只在牛头山石墙附近的两个铺房出土了大量的瓦片和少量瓷片，证明这两座铺房的年代下限为明清时期。

由于牛头山堡遗存面积大，加之调查组的时间和人力所限，我们只能针对部分重点地区进行试掘，得到的结果并不能全面显示出牛头山石墙的构筑年代。这在以后的工作中仍需继续关注。

（3）潘家寨堡（420303353102190002）

潘家寨位于张湾区汉江街道办刘家村一组，潘家寨堡保存较好，石墙高大完整，可见垛口和瞭望孔等相关遗存。

从刘家村一组沿山谷向上走，离山顶15米左右，发现第一组石墙，第一组石墙由长石条堆砌而成，为潘家寨堡的敌台。石墙长89米，宽0.81米，高1.34米，离主墙10.5米处还有副墙，作为护卫、巩固主墙之用（图版一二九）。这条石墙中心点的地理坐标为东经110°43′40.74″，北纬32°42′37.74″，海拔高程546米，其方向为北偏西25°。

西距敌台15米即潘家寨堡，由主堡、瓮城、石门、瞭望孔、垛口等相关遗存组成。主寨中心点的地理坐标为：东经110°43′39.84″，北纬32°42′40.14″，海拔高程558米。

潘家寨堡主体部分包含两道石门，第一道石门位于堡东南部，由大块条石垒砌而成，门宽2.1米，进深2.8米，残高1.7米。门的方向为北偏东60°。

第二道石门位于主堡西北，门外即为潘家寨堡的"瓮城"类遗迹，保存状况良好，门宽0.86米，进深2.8米，高1.4米，有数个台阶沿门墙向下延伸至"瓮城"（图版一三〇）。

潘家寨堡的石墙上可见垛口和瞭望孔（图版一三一、一三二），石墙总长56米，宽2米，外高2米，内高0.8米（图版一三三）。

潘家寨的"瓮城"位于堡西北部并将堡西北部包围，"瓮城"石墙的高度比堡高出1米左右，宽度与堡一致。"瓮城"西北部为一座石门。石门内高2.2米，外高3.6米，进深1.8米，宽1.1米。

城门正中的地理坐标为东经 110° 43′ 39.24″，北纬 32° 42′ 42.42″，海拔高程 556 米（图版一三四）。

总体而言，潘家寨堡依山就势的建造于山顶，充分利用地形，有攻有守，易守难攻，是比较理想的防御场所。

（4）红岩寨堡（420303353102190003）

红岩寨堡位于张湾区西沟乡长平塘村。位于一座山顶的平台之上，由石墙和东、南、西三座石门组成，平面近方形，周长约 1500 米。

①西门、墙：红岩寨堡的西部墙体和西门的保存状况最好，西门门宽 1.7 米，内高 1.5 米，外高 2.7 米，进深 3.3 米，方向为北偏西 20°（图版一三五、一三六）；石门由内、外两座门组成，外门保存完整，均由大条石堆砌而成，门顶石刻"嘉庆五年"和一枚方孔圆钱的图案（图版一三七）；两门之间有约 0.5 米的缝隙，用于防御时插木使用；内门由于地势较低、年久失修，现已垮塌，作为支柱的木质横梁裸露在外。西门的地理坐标为东经 110° 37′ 10.92″，北纬 32° 32′ 37.68″，海拔高程 848 米（图版一三八）。

从门道进入红岩寨内部，沿西墙内侧可见一条车马道，宽约 2.5 米；马道经过人工修整，宽阔平坦。在内门和马道的右侧结合处有一条小石阶，沿石阶向上便到达石墙之上，沿石墙内侧有一条小过道，可供行走。石墙的主体是由较小的石块一层层整齐的堆砌而成；墙体宽 0.8 米，内高 0.65 米，外高 2.8~3.3 米，每隔 1.3 米有一个垛口，垛口宽 0.65 米，高 0.45 米（图版一三九）。

②南门、墙：出西门沿石墙行走约 150 米便到达上峰顶部，顶部原设立一座瞭望台，四周由石块垒起护卫敌台，现已损毁。

沿顶峰东行约 200 米便到达南门，门进深 3.7 米，宽 1.6 米。残高 1.7 米，门顶部依然架有木梁，年代久远，木梁已经腐朽断，门顶有部分石梁垮掉，落在门口。南门的地理坐标为东经 110° 37′ 13.26″，北纬 32° 32′ 16.60″，海拔高程 892 米，方向为北偏东 65 度。门两侧各有约 10 米的石墙保存较好，剩下的已残破不堪，只保留有墙基（图版一四○）。

③东门、墙：沿南门石墙向东北行约 300 米便到达红岩寨的东门，东门的保存状况一般，门道宽 1.8 米，门宽 1.35 米，高 1.9 米，进深 4.1 米，顶高 1.2 米；有六级台阶入门，门顶有石梁和木梁，木梁腐朽已塌；墙体内高 0.7 米，外高 4.1 米，宽 0.8 米，东门的地理坐标为东经 110° 37′ 18″，北纬 32° 32′ 33.90″，海拔高程 789 米，东门方向为正南北方向（图版一四一）。

总体而言，红岩寨堡保存较好，但由于年久失修，除西门和西墙外，均有坍塌的现象。

通过对张湾区三座关堡的调查，我们可以推断出张湾区诸长城关堡遗迹的特点：

第一，建筑材料以石墙为主。三座关堡多以石块砌筑而成，只有少部分为黄土夯筑而成。其构筑方式多为条石干垒，中间不添加任何黏合材料。

第二，构筑形式以山寨为主。大多自成体系，不与其他石墙相连，独自合围成一周。

第三，构筑地点多依靠有利地形：三座关堡大多依山就势，依靠天然的山险，经人工开凿，修筑成墙，墙体的特点为外高内矮，易守难攻。

第四，构筑年代上，除了牛头山堡外，其他关堡构筑年代较晚，潘家寨堡和红岩寨堡的修筑年代为明末清初。牛头山堡的构筑年代应早于明清时期。

二、长城保护与管理现状

湖北省长城资源的残损情况较为严重，长城建筑的主体面貌保存很差。这主要表现在：

第一，墙体的长度短，竹山铁炉沟一线保存有长约7000米的墙体，三里沟一段保存长达近600米，除此之外，特别是在竹溪地区，仅存数十段上百米的长度，如竹溪县柳树垭仅存120多米。

第二，墙体的高度低，绝大部分地段的墙体高度仅存不足1米，很多地段甚至消失殆尽。

第三，长城的性质难判断，凭依自然山势的敌台、烽火台等遗迹损毁严重，很多疑似长城的相关遗迹，其性质已很难判断。

造成这样的破坏，原因有自然和人为因素两方面。

1.自然因素

大自然对长城的长期侵蚀，是破坏长城的一个主要原因。我省长城资源位于湖北省西北部大巴山东段山脉的山脊之上，海拔一般在1000米以上，地面相对海拔高差在200~300米之间，山势陡峭，墙体容易坍塌。加之当地气候属于亚热带季风气候，降水量丰富、年降水量在1000毫米左右，植被茂密，灌木丛生，主要有桦树、刺槐、杉树、松树、毛栗等树种，植被覆盖，使墙体含水量加大，墙体抗剪力强度降低，倒塌危险加大。同时，这些树木根系发达，也对墙体构成了破坏，使城墙砌体强度的相对降低，城墙膨胀再进雨水后，极容易发生圮毁。另外，还有诸如兔子、野猪、獾子、麂子、獐、果子狸、蛇等动物的活动也给长城造成了破坏。

同时由于自然环境的恶化，造成湖北省长城资源的损坏速度加快，一些长城所在地鄂西北山区暴风雨频繁，山体滑坡险情屡有发生，加之受酸雨侵蚀，致使部分长城墙体风化、酥碱现象严重。

2.人为因素

从长城资源调查情况分析，湖北长城的人为破坏行为，主要有三个方面：一是取材性破坏。即单位或个人取长城砖、石、土等材料，作为其他建筑材料使用对长城造成的破坏；二是建设性破坏。就是工业、农业、交通等建设项目，施工过程中对长城造成破坏；三是修复性破坏。即在对长城进行维修和复建的过程中，不遵循历史事实，不遵循《中国文物古迹保护准则》，对长城造成的破坏。

（1）长城资源分布地区附近，是传统的农业耕作地区。由于常年耕作，当地土地的开发利用程度相当高，除了水田以外，旱地占有相当比例，主要种植油菜、玉米、大豆、小麦、马铃薯等粮食作物和茶树、漆树、玄参等经济林木。目前每个行政村200~300户，1000~1500人不等。村村相隔，以山为界，一道山谷就是一个村庄。曾在相当长的历史时期，特别自明清以来，迫于有限的种植面积和人口增长的压力，当地村民向山要地，从山脚一直开荒至山顶的长城附近，取石保土。山体滑坡和水土流失造成耕土不足，直接削墙充实。另外拆毁墙体垒坟，大型基建，如关垭扩建305省道，直接从瓮城遗址穿过，对墙体造成了极大的破坏。

近年来，由于大量人员外出务工，加之政府实施退耕还林，大片土地无人耕种，植被恢复，人为破坏的影响减弱，但历史造成的破坏一直未能得到改善。

（2）随着长城影响力的提升，近年，一些长城所在地政府逐步将长城修复纳入地方工作要点，但由于认识水平和专业技术力量的缺乏，对长城造成了一些保护性破坏。如关垭遗址和湖北口城台修复，没有按照"不改变文物原状的原则"和"四保持"（原形制、原材料、原结构、原工艺）实施，严重影响了长城本体的原真性。

第三部分
调查结论

一、本次长城资源调查的特征

本次长城资源调查是国家文物局组织的一次大型国情资源调查。从调查队伍组织、路线安排、成果登录方式等方面，都充分吸取了 20 世纪 80 年代第二次文物普查和 2001 年"楚长城"调查的工作经验，按国家长城资源调查工作操作规程，进行了一些工作方法上的创新，主要表现在：

第一，调查区域更广泛。本次调查覆盖了"秦楚交界"的整个鄂西北地区，包括十堰市域除武当山外的七个县级行政单位，全方位掌握了湖北长城资源的整体状况，为宏观分析湖北长城分布规律提供了资料。

第二，信息采集更科学。根据长城资源调查调查有关标准规范，本次调查采取了分类、分段的记录方式，从文字、影像、图纸三个方面对长城资源的基本信息进行了全面采集。所有调查对象的基本信息、保存状况均进行了详细登录，并力求测点准确；文字表述全面，层次分明；图纸、照片内容丰富，图文清晰准确。

第三，调查手段更先进。本次调查在信息采集工作中全面引入了高精度 GPS 定位仪、数码相机和激光测距仪等先进技术手段，数据登录和数据处理实现了电子信息化，并建立了数据库，为下一步进行长城资源研究和保护提供了基础资料。

第四，调查队伍更合理。为了突破以往工作局限，本次调查由武汉大学考古系、华中师范大学历史学院、省古建中心联合组队，采用考古学、历史学、民俗学、建筑学等多学科合作的方式对湖北长城资源进行调查和研究，调查对象不仅包括长城本体，而且延伸至了周边环境风貌和风土人情，成果内容不但包括物质文化遗产，而且包括非物质文化遗产。

二、本次长城资源调查的主要收获

（一）摸清了湖北长城资源的家底

本次调查在前期调研、历史文献查询、研究的基础上，以重要区域"拉网式"和特殊地区重点踏勘的方式，较全面地掌握了湖北长城资源的数量和保存状况。

共登录长城墙体 20 段（石墙 18 段，土墙 2 段），总长度 9058 米（石墙 7458 米，土墙 1600 米）。其中保存较好者 313 米，保存一般者 3970 米，保存较差者 2004 米，保存差者 961 米，可辨消失墙体 210 米。墙体类别以石墙为主，整体保存一般。长城遗迹 38 处：登录关堡 22 个，其中关 9 个，堡 13 个。建筑单体 16 个，其中敌台 9 个，铺房 5 个，烽火台 2 个。

从地域长城特点分析：竹溪、竹山两县长城资源呈线状分布，且具备一定的长度，具备长城最重要的物态要素；郧西县白山寨长城，处于鄂陕交界之处，用硕大的石块垒成的高大城墙，且具备一定的长度和宏伟的气势，墙体周边出土的战国铜戈是白山寨早期城墙的有力佐证，可视为湖北长城资源的另一类型和杰出代表；竹山县皇城山长城，与文献中的"庸城山"地望相符，是研究庸国地望及其疆域的重要物证。

（二）掌握了湖北长城资源遗存的特点

1. 分布集中

湖北长城主要分布于鄂西北竹溪、竹山县与陕西省安康市的分界线上。具体说来，主要集中于湖北省竹溪、竹山县与陕西镇坪县、平利县、旬阳县、白河县的分水岭之上。

2. 关墙结合

湖北省长城的分布并非都是城墙之间彼此相连，而是每一处长城都选择在交通要道（山垭）之处，垭口设关，两头山脊各有一段墙体或者敌台作为掩护，如此构成的关与城墙的基本组合，形成长城资源的一个基本组合单位。如竹溪县的梓桐垭—松树尖—火龙垭—秋沟垭—柳树垭—关垭一线，竹山县的三里沟一线和梭子沟—铁炉沟—蚂蝗沟—浬泗沟一线，均具备这样的组合特点。且这样的组合或遥相呼应（竹溪地区），或两两相连，共同构成一道长长的防御带。这是湖北省长城资源的典型特征。

3. 附属众多

（1）以寨附属。鄂西北地区的山寨数量众多，基本上每一个自然村（每个小沟谷流域）都有一个以上的山寨。以竹溪县为例，据《竹溪县志》（清代同治版）记载，境内山寨有名者达 70 多座。这些山寨大多数呈点状分布。此次调查的长城一线，也有众多山寨，与关、城墙形成了功能互补。从文献记载和民俗调查来看，关为官用，山寨多为民用。但无论是关、还是山寨，都用于防守，就功能意义来说，它们都是一致的，它们在特定历史时期应该共同构成了鄂西北地区完整的军事防御系统。

（2）以敌台、铺房、烽火台等附属。鄂西北地区的敌台有自然结构意义上的敌台，关两侧的山顶，具备天然的观察优势；城墙分布沿线的山顶也具备敌台的功能，典型地段为三里沟一线、梭子沟—铁炉沟—蚂蝗沟—浬泗沟一线的众多山顶。除此之外，在城墙之上，也有人工垒筑的方形敌台，如：竹山县三里沟东段城墙的两个敌台，梭子沟北段城墙上的一个敌台，蚂蝗沟东北城墙上的两个敌台，均呈方形，与城墙相连并伸出城墙之外。

铺房方面，此次调查较为典型的是竹山县三里沟关附近一铺房，梭子沟北段城墙一铺房。

（三）丰富了中国长城资源的内涵

长城，归根到底，就是线状防御体系。这样的一道防御线，必然基于一定地形，由诸如城墙、关堡、敌台、烽火台等构筑成的、具备战略攻防态势的军事设施。按现行文化遗产类型来分，属于军事文化遗产，同时也可看成是历史建筑物及建筑群，这样的一类建筑群，伴随着战争而产生，与人类的生存历史紧密相连，故既具备历史文化价值，也具备军事文化价值，反映一个时代经济技术水平、军事政治面貌，是一个民族的不可多得的文化基因与财富。

湖北省长城地域特征、选址、布局、砌筑方式具有独特性，丰富了长城家族的类型，扩展了长城资源的分布范围，反映了鄂西北地区一个或数个历史阶段的政治活动，是物证，也是不可多得的文化遗产，将之纳入长城家族，不仅充实了中国长城的内涵，而且有助于我们更深刻的理解长城的物态与本质。"长城"不可能与明长城是一个模式，因不同的地理条件、修于不同时代，反映的是不同的政治斗争形势，而且由不同人群组织修筑，所以有差异是肯定的，而且也正是因为这样的差异，才让我们更深刻理解其中的价值。

（四）加深了对湖北长城的认识

湖北省长城修筑时间，特别就其上限，一直是一个悬而未决的问题。自发现以来，曾在相当长一段时间内，学界都将之与先秦时期的秦楚战事相联系，并提出了"楚长城"的命名。

关于"楚长城"，从《左传》、《国语》、《荀子》、《战国策》、《淮南子》、《史记》、《汉书》、《水经注》等一直到明清时期的地方志，文献中提及最多的就是"楚方城"。但文献中"楚方城"的地望集中于豫西南的南阳地区附近。秦楚是否鄂西北地区在此修筑过长城,尚未发现明确的文献记载,仅部分县志中提及的庸城山、方城山、古寨山的年代可达先秦时期。

本次湖北省长城资源调查的长城资源集中分布于历史上鄂陕分界线上。这样的一道分界线（界岭）也是堵河与汉水（安康段）的分水岭，既具备自然地理意义，也具备行政区划意义，同时这条地理分界线也造就了南北文化鄂陕的分界。其区域特征为早期长城的确认提供了条件。

至于本次调查所发现长城兴建的历史下限，从文献和直接的年代证据分析，现存地面的防御设施，有一部分为嘉庆年间修建，与白莲教起义相关。但修关、筑寨并非嘉庆一个时期所为，且有证据显示这些遗存在此之前就已存在(如在郧西县湖北口乡白山寨发现的战国早期的铜戈等物)。

总体判断：湖北鄂西北地区为先秦时期秦楚交战前沿，具备修筑最早军事防御设施的条件和可能，本次调查所发现的墙体、关卡、敌台、烽火台、山寨等防御工事遗存，是多个历史阶段形成、演化发展的长城。

三、长城保护的主要问题及对策研究

（一）主要问题

1. 保护工作问题突出

由于湖北长城纳入文物保护范畴相对较晚，现有长城仍然面临着相当严重的自然和人为破坏的威胁，法制不健全、保护管理力度薄弱，致使损坏速度进一步加快。

2. 文物本体保存状况不容乐观

历经上千年的风雨侵袭和破坏，加之年久失修，湖北省境内的长城普遍存在着内部结构改变，安全隐患多等问题。很多地方的长城墙体大多都有不同程度的坍塌、受损，这些破损的地方基本上都不能得到及时的修复。

3．宣传保护不力

（1）湖北长城资源由于发现较晚，认知和研究还处于较低水平，保护工作也刚起步，因此对长城保护的宣传也仅限于较原始的书写标语和散发传单等形式。

（2）由于长期以来保护意识薄弱，保护机构和队伍缺乏，管理机制缺失、文物保护措施乏力，湖北长城资源基本处在自然保护状态，保护标识严重不足，基本的安全防护设施缺乏，文物安全状况堪忧。

（二）管理现状与对策

针对湖北省长城保护现存的问题，为消除文物安全隐患，改善管理工作现状，提升保护技术水平，按照《中华人民共和国文物保护法》、《长城保护条例》、《中国文物古迹保护准则》、《文物保护工程管理办法》有关规定，建议做好以下几个方面：

1．做好资源认定工作

根据本次长城资源调查和第三次全国文物普查调查掌握的基本情况，尽快报请国家文物局完成湖北省长城资源的认定工作。并在第六批湖北省文物保护单位推荐公布工作中，将其全部纳入省级文物保护范畴，使全省长城资源全部纳入法律保护范畴。

2．完成规划编制工作

目前，湖北省长城保护规划已获得国家文物局立项批复，规划编制单位应在充分调研的基础上，以本次调查为基础，结合保护工作实际，按照《全国重点文物保护规划编制要求》《全国重点文物保护规划审批管理办法》有关规定，力争在十二五开局之年规划编制工作，为湖北省长城保护工作提供法律依据。同时，针对关垭等保护与利用矛盾突出的地段尽快编制详细性控制规划。

3．抓好维修保护工作

一是针对长城现状，所在地文物部门：应加强日常保养维护工作，及时清除墙体上的杂树，疏通周边的排水。对于险情严重的长城部位，应积极做好支顶加固工作，并尽快聘请具有相应文物保护工程资质单位编制维修方案，实施保护工程；二是针对山体滑坡等到地质灾害，抢救性开展科学防护工程，从整体环境方面来加强对文物本体的保护；三是对文物周边的植被等环境进行综合整治，恢复环境的原真性、完整性，使周边环境优化，真实、全面地保存并延续历史信息，充分体现其突出的历史、艺术和科学价值，强化其在地方社会发展中的重要地位，实现文物保护与区域社会发展的和谐发展；四是针对风雨、火灾、雷击、随意挖掘等自然和人为因素对文物造成的威胁，逐步建立比较完善的湖北省长城资源安防、消防、技防等防护体系，基本消除鄂西北地区长城资源安全隐患、使文物本体得到有效保护。

4．提升保护管理水平

一是针对湖北省长城资源保护立法领域的空白和薄弱点，省级文物行政主管部门应加强长城保护专项规章制度建设，使湖北省长城资源的研究、保护、利用等各环节均有法可依、有章可循。二是加快保护队伍建设。长城所在地政府应在保证工作人员充足的基础上，着力提升文物保护队伍的思想观念和业务技能。三是长城所在地文物行政主管部门应尽快完善长城保护标志的设立工作。

5．加大科研宣传力度

有关文物主管部门应通过组织学术讨论会等形式，吸引更多的专家、学者参与湖北省长城的研究保护，并积极利用现代传媒做好湖北省长城基础知识、价值和利用水平等方面的宣传工作，让"爱我中华、修我长城"深入人心，营造出全社会保护长城资源的良好氛围。

附表

附表1　鄂西北长城墙体长度统计表

(单位：米)

县区	名称	石墙					土墙				
		较好	一般	较差	差	消失	较好	一般	较差	差	消失
竹溪县	七里寨长城	0	33	0	10	0	0	0	0	0	0
	柳树垭南段	0	0	40	10	0	0	0	0	0	0
	柳树垭北段	0	0	0	70	0	0	0	0	0	0
	王家沟南段	250	0	0	0	0	0	0	0	0	0
	王家沟北段	0	0	0	70	20	0	0	0	0	0
	合计	250	33	40	160	20	0	0	0	0	0
		503					0				
	总计	503									
竹山县	三里沟东段	10	0	51	80	0	0	0	0	0	0
	三里沟西段	0	347	24	120	0	0	0	0	0	0
	铁炉沟东南	0	1361	596	287	40	0	0	0	0	0
	铁炉沟西段	0	209	305	57	0	0	0	0	0	0
	梭子沟南段	0	690	0	0	0	0	0	0	0	0
	梭子沟西北	53	283	230	145	0	0	0	0	0	0
	蚂蟥沟西南	0	44	150	65	0	0	0	0	0	0
	蚂蟥沟东北	0	247	18	12	0	0	0	0	0	0
	浬泗沟西段	0	229	326	31	0	0	0	0	0	0
	浬泗沟东段	0	0	50	60	0	0	0	764	20	0
	二虎寨西寨	0	40	50	0	150	0	0	0	0	0
	二虎寨东寨	0	200	60	0	0	0	0	0	0	0
	合计	63	3650	1860	857	190	0	0	764	20	0
		6364					764				
	总计	7018									
郧西县	白山寨长城	0	287	0	0	0	0	0	0	0	0
	湖北口关墙	0	0	154	0	0	0	0	0	0	0
	合计	0	287	154	0	0	0	0	0	0	0
		441					0				
	总计	441									
张湾区	牛头山土墙	0	0	0	0	0	0	0	0	836	0
	合计						0	0	0	836	0
		0					836				
	总计	836									
总长		7458					1600				
		9058									

附表2　鄂西北长城关堡统计表

（单位：个）

县区 \ 类别	关	堡
竹溪县	3	0
竹山县	4	3
房县	0	2
郧西县	1	2
郧县	1	0
丹江口市	0	3
张湾区	0	3
总计	9	13

附表3　鄂西北长城单体建筑统计表

（单位：个）

县区 \ 类型	敌台	铺房	烽火台
竹溪县	4	0	0
竹山县	5	3	0
房县	0	0	0
郧西县	0	0	0
郧县	0	0	1
丹江口市	0	0	0
张湾区	0	2	1
总计	9	5	2

附表4　长城调查GPS点统计表

工作编号	名称	坐标			地点
		东经（E）	北纬（N）	高程（米）	
G001	七里寨城墙南端点	109°31′44.00″	32°15′54.00″	1365	蒋家堰镇龙阳村四组
G002	七里寨城墙北端点	109°31′44.00″	32°15′55.00″	1350	蒋家堰镇龙阳村四组
G003	柳树垭南段城墙起点	109°30′04.00″	32°19′02.00″	840	蒋家堰镇秋沟村四组西部
G004	柳树垭南段城墙止点	109°30′05.00″	32°19′03.00″	830	蒋家堰镇秋沟村四组西部
G005	柳树垭城墙北段南端点	109°30′05.00″	32°19′03.00″	830	蒋家堰镇秋沟村四组西部柳树垭山口
G006	柳树垭城墙北段北端点	109°30′05.00″	32°19′05.00″	857	蒋家堰镇柳树垭北侧山腰
G007	关垭瓮城西南端点	109°30′20.00″	32°19′46.00″	721	蒋家堰镇关垭村六组西部关垭南侧山腰
G008	关垭瓮城东北端点	109°30′34.00″	32°19′50.00″	728	蒋家堰镇关垭村六组西部关垭北侧山腰
G009	王家沟南段城墙起点	109°30′23.00″	32°21′06.00″	1040	蒋家堰镇蔓荆沟村七组西部鄂陕界岭
G010	王家沟南段城墙南折点	109°30′23.00″	32°21′07.00″	1040	蔓荆沟村七组西部鄂陕界岭
G011	王家沟南段城墙北折点	109°30′18.00″	32°21′11.00″	1024	蒋家堰镇蔓荆沟村七组西部鄂陕界岭
G012	王家沟城墙南段止点	109°30′17.00″	32°21′11.00″	1024	蒋家堰镇蔓荆沟村七组西部鄂陕界岭
G013	王家沟北段城墙起点	109°30′17.00″	32°21′12.00″	1010	蒋家堰镇蔓荆沟村七组西部鄂陕界岭
G014	王家沟北段城墙止点	109°30′18.31″	32°21′15.99″	1000	蒋家堰镇蔓荆沟村七组鄂陕界岭
G015	三里沟长城西段起点	109°35′24.58″	32°31′08.36″	876.5	竹坪乡六合村二组西北三里沟垭子东部
G016	三里沟长城折点1	109°35′24.26″	32°31′07.96″	879.5	竹坪乡六合村二组西北三里沟垭子东部
G017	三里沟长城西段山顶1	109°35′22.43″	32°31′07.83″	896.2	竹坪乡六合村二组西北三里沟垭子东部
G018	三里沟长城西段折点2	109°35′21.80″	32°31′07.77″	889.3	竹坪乡六合村二组西北三里沟垭子东部
G019	三里沟长城西段山垭1	109°35′20.65″	32°31′07.25″	880.3	竹坪乡六合村二组西北三里沟垭子东部
G020	三里沟长城西段折点3	109°35′20.26″	32°31′07.15″	886.3	竹坪乡六合村二组西北三里沟垭子东部
G021	三里沟长城西段山顶2	109°35′19.21″	32°31′07.17″	923	竹坪乡六合村二组西北三里沟垭子东部
G022	三里沟长城西段山垭2	109°35′18.12″	32°31′07.27″	901.8	竹坪乡六合村二组西北三里沟垭子东部
G023	三里沟长城西段折点4（山顶3）	109°35′15.59″	32°31′07.26″	916.8	竹坪乡六合村二组西北三里沟垭子东部
G024	三里沟长城西段残缺段起点	109°35′14.14″	32°31′06.50″	898.3	竹坪乡六合村二组西北三里沟垭子中部
G025	三里沟长城西段山垭3	109°35′13.19″	32°31′05.99″	896.8	竹坪乡六合村二组西北三里沟垭子东部
G026	三里沟长城西段残缺段止点	109°35′09.64″	32°31′04.95″	909.6	竹坪乡六合村二组西北三里沟垭子西部
G027	三里沟长城西段折点5	109°35′07.21″	32°31′03.96″	922.5	竹坪乡六合村二组西北三里沟垭子西部
G028	三里沟长城西段止点	109°35′05.96″	32°31′04.59″	928.3	竹坪乡六合村二组西北三里沟垭子西部
G029	三里沟长城东段起点	109°35′24.61″	32°31′08.38″	876.9	竹坪乡六合村二组北部三里沟垭子中部偏东
G030	三里沟长城敌台1	109°35′25.38″	32°31′08.60″	879.2	竹坪乡六合村二组北部三里沟垭子东侧山脊上
G031	三里沟长城敌台2	109°35′27.46″	32°31′09.15″	908.5	竹坪乡六合村二组北部三里沟垭子东侧山脊上
G032	三里沟长城东段止点	109°35′29.76″	32°31′09.70″	942	竹坪乡六合村二组北部三里沟垭子东侧半山腰
G033	铁炉沟长城东南段起点	109°44′06.37″	32°35′46.85″	1167.2	大庙乡铁炉沟村四组北部鄂陕界岭
G034	铁炉沟长城东南段消失起点	109°44′07.05″	32°35′46.47″	1167.5	大庙乡铁炉沟村四组北部鄂陕界岭
G035	铁炉沟长城东南段消失段止点（折点1）	109°44′08.62″	32°35′46.12″	1169	大庙乡铁炉沟村四组北部鄂陕界岭

工作编号	名称	坐标			地点
		东经（E）	北纬（N）	高程（米）	
G036	铁炉沟长城东南段折点2	109°44′14.00″	32°35′44.00″	1195	大庙乡铁炉沟村四组北部鄂陕界岭
G037	铁炉沟长城东南段折点3（山顶1）	109°44′18.00″	32°35′42.00″	1211	大庙乡铁炉沟村四组北部鄂陕界岭
G038	铁炉沟长城东南段折点4（山垭1）	109°44′21.00″	32°35′38.00″	1201	大庙乡铁炉沟村四组北部鄂陕界岭
G039	铁炉沟长城东南段折点5（山顶2）	109°44′24.00″	32°35′37.00″	1216	大庙乡铁炉沟村四组北部鄂陕界岭
G040	铁炉沟长城东南段折点6	109°44′27.00″	32°35′36.00″	1193	大庙乡铁炉沟村四组北部鄂陕界岭
G041	铁炉沟长城东南段折点7	109°44′34.00″	32°35′30.00″	1158	大庙乡铁炉沟村四组北部鄂陕界岭
G042	铁炉沟长城东南段山顶3	109°44′34.00″	32°35′29.00″	1161	大庙乡铁炉沟村四组北部鄂陕界岭
G043	铁炉沟长城东南段山垭3	109°44′34.00″	32°35′27.00″	1152	大庙乡铁炉沟村四组北部鄂陕界岭
G044	铁炉沟长城东南段折点8	109°44′34.00″	32°35′25.00″	1155	大庙乡铁炉沟村四组北部鄂陕界岭
G045	铁炉沟长城东南段山顶4	109°44′35.00″	32°35′24.00″	1161	大庙乡铁炉沟村四组北部鄂陕界岭
G046	铁炉沟长城东南段山垭4	109°44′36.00″	32°35′22.00″	1153	大庙乡铁炉沟村四组北部鄂陕界岭
G047	铁炉沟长城东南段折点9	109°44′40.00″	32°35′19.00″	1168	大庙乡铁炉沟村四组北部鄂陕界岭
G048	铁炉沟长城东南段山顶5	109°44′46.00″	32°35′17.00″	1169	大庙乡铁炉沟村四组北部鄂陕界岭
G049	铁炉沟长城东南段折点10（山垭5）	109°44′48.00″	32°35′16.00″	1167	大庙乡铁炉沟村四组北部鄂陕界岭
G050	铁炉沟长城东南段折点11（山顶6）	109°44′48.00″	32°35′13.00″	1203	大庙乡铁炉沟村四组北部鄂陕界岭
G051	铁炉沟长城东南段折点12（山垭6）	109°44′50.00″	32°35′12.00″	1200	大庙乡铁炉沟村四组北部鄂陕界岭
G052	铁炉沟长城东南段折点13（山顶7）	109°44′52.00″	32°35′10.00″	1247	大庙乡铁炉沟村四组北部鄂陕界岭
G053	铁炉沟长城东南段折点14（山垭7）	109°44′55.00″	32°35′09.00″	1230	大庙乡铁炉沟村四组北部鄂陕界岭
G054	铁炉沟长城东南段止点	109°45′04.32″	32°35′00.84″	1314	大庙乡铁炉沟村四组北部鄂陕界岭
G055	铁炉沟长城西段城墙起点	109°44′05.74″	32°35′47.20″	1167.5	大庙乡铁炉沟村三组北部鄂陕界岭上
G056	铁炉沟长城西段城墙折点1	109°44′04.48″	32°35′47.69″	1172	大庙乡铁炉沟村三组北部鄂陕界岭上
G057	铁炉沟长城西段城墙折点2	109°43′59.80″	32°35′48.70″	1193	大庙乡铁炉沟村三组北部鄂陕界岭上
G058	铁炉沟长城西段城墙折点3	109°43′57.51″	32°35′48.27″	1213.5	大庙乡铁炉沟村三组北部鄂陕界岭上
G059	铁炉沟长城西段城墙折点4	109°43′54.84″	32°35′48.40″	1235.8	大庙乡铁炉沟村三组北部鄂陕界岭上
G060	铁炉沟长城西段城墙折点5	109°43′53.12″	32°35′48.32″	1249.4	大庙乡铁炉沟村三组北部鄂陕界岭上
G061	铁炉沟长城西段城墙折点6	109°43′49.79″	32°35′48.93″	1270.5	大庙乡铁炉沟村三组北部鄂陕界岭上
G062	铁炉沟长城西段城墙折点7	109°43′47.31″	32°35′48.84″	1287.8	大庙乡铁炉沟村三组北部鄂陕界岭上
G063	铁炉沟长城西段城墙止点	109°43′45.02″	32°35′48.51″	1308.7	大庙乡铁炉沟村三组北部鄂陕界岭上
G064	梭子沟长城南段起点	109°43′45.02″	32°35′48.59″	1308.7	大庙乡梭子沟村东北界岭
G065	梭子沟长城南段折点1	109°43′45.19″	32°35′50.82″	1285.8	大庙乡梭子沟村东北界岭
G066	梭子沟长城南段折点2	109°43′46.19″	32°35′52.73″	1282.7	大庙乡梭子沟村东北界岭
G067	梭子沟长城南段折点3	109°43′46.61″	32°35′53.97″	1293.3	大庙乡梭子沟村东北界岭
G068	梭子沟长城南段折点4	109°43′44.22″	32°35′58.90″	1266.8	大庙乡梭子沟村东北界岭
G069	梭子沟长城南段折点5	109°43′45.04″	32°36′01.02″	1239.4	大庙乡梭子沟村东北界岭
G070	梭子沟长城南段折点6	109°43′45.93″	32°36′02.06″	1234.3	大庙乡梭子沟村东北界岭
G071	梭子沟长城南段折点7	109°43′44.31″	32°36′05.92″	1213.2	大庙乡梭子沟村东北界岭

工作编号	名称	坐标			地点
		东经（E）	北纬（N）	高程（米）	
G072	梭子沟长城南段折点8	109°43′44.07″	32°36′07.26″	1213.4	大庙乡梭子沟村东北界岭
G073	梭子沟长城南段止点	109°43′43.14″	32°36′09.64″	1205.4	大庙乡梭子沟村东北界岭
G074	梭子沟长城西北段起点	109°43′43.07″	32°36′09.75″	1205.2	大庙乡梭子沟村东北鄂陕界岭
G075	梭子沟长城西北段折点1	109°43′42.64″	32°36′10.87″	1208.6	大庙乡梭子沟村东北鄂陕界岭
G076	梭子沟长城西北段折点2	109°43′40.80″	32°36′12.15″	1220.2	大庙乡梭子沟村东北鄂陕界岭
G077	梭子沟长城西北段折点3	109°43′39.47″	32°36′13.84″	1229.9	大庙乡梭子沟村东北鄂陕界岭
G078	梭子沟长城西北段折点4	109°43′37.58″	32°36′16.97″	1246.3	大庙乡梭子沟村东北鄂陕界岭
G079	梭子沟长城西北段折点5	109°43′36.68″	32°36′18.05″	1255.2	大庙乡梭子沟村东北鄂陕界岭
G080	梭子沟长城西北段折点6	109°43′36.38″	32°36′20.06″	1281.4	大庙乡梭子沟村东北鄂陕界岭
G081	梭子沟长城西北段折点7	109°43′33.57″	32°36′21.89″	1306.4	大庙乡梭子沟村东北鄂陕界岭
G082	梭子沟长城西北段折点8	109°43′28.63″	32°36′25.81″	1325.4	大庙乡梭子沟村东北鄂陕界岭
G083	梭子沟长城西北段止点	109°43′27.69″	32°36′27.70″	1328.1	大庙乡梭子沟村东北鄂陕界岭
G084	蚂蟥沟长城西南段起点	109°45′04.32″	32°35′00.84″	1314	大庙乡浬泗沟村四组西北界岭
G085	蚂蟥沟长城西南段折点1	109°45′05.29″	32°35′02.36″	1299	大庙乡浬泗沟村四组西北界岭
G086	蚂蟥沟长城西南段折点2	109°45′03.61″	32°35′04.03″	1281	大庙乡浬泗沟村四组西北界岭
G087	蚂蟥沟长城西南段折点3	109°45′05.07″	32°35′04.56″	1267	大庙乡浬泗沟村四组西北界岭
G088	蚂蟥沟长城西南段折点4	109°45′05.26″	32°35′07.04″	1252	大庙乡浬泗沟村四组西北界岭
G089	蚂蟥沟长城西南端止点	109°45′07.10″	32°35′07.20″	1238	大庙乡浬泗沟村四组西北界岭
G090	蚂蟥沟长城东北段城墙起点A	109°45′07.31″	32°35′07.20″	1238	大庙乡浬泗沟三组西北蚂蟥沟界岭山垭
G091	蚂蟥沟长城东北段折点1	109°45′09.36″	32°35′08.46″	1248	大庙乡浬泗沟三组西北蚂蟥沟界岭山垭
G092	蚂蟥沟长城东北段城墙折点2	109°45′11.34″	32°35′10.80″	1239	大庙乡浬泗沟三组西北蚂蟥沟界岭山垭
G093	蚂蟥沟长城东北段城墙折点3	109°45′12.60″	32°35′11.40″	1245	大庙乡浬泗沟三组西北蚂蟥沟界岭山垭
G094	蚂蟥沟长城东北段城墙止点	109°45′16.62″	32°35′13.92″	1290	大庙乡浬泗沟三组西北蚂蟥沟界岭山垭
G095	浬泗沟长城西段起点	109°45′30.72″	32°35′08.04″	1288	大庙乡浬泗沟村四组北部鄂陕界岭
G096	浬泗沟长城西段垭口	109°45′40.92″	32°35′12.06″	1234	大庙乡浬泗沟村四组北部鄂陕界岭
G097	浬泗沟长城西段止点	109°45′48.36″	32°35′16.86″	1281	大庙乡浬泗沟村四组北部鄂陕界岭
G098	浬泗沟长城东段城墙起点	109°45′48.36″	32°35′16.86″	1281	大庙乡浬泗沟村四组北部界岭中部
G099	浬泗沟长城东段城墙折点	109°46′04.44″	32°35′16.44″	1277	大庙乡浬泗沟村四组北部界岭东部
G100	浬泗沟长城东段城墙止点	109°46′15.06″	32°35′14.04″	1340	大庙乡浬泗沟村四组北部鄂陕界岭东部
G101	老龙寨中心点	109°32′06.00″	32°31′21.00″	1144	竹坪乡六合村二组北部鄂陕界岭上
G102	天堡寨东南点（起点）	109°42′32.64″	32°36′17.16″	1362	大庙乡鲁家坝村北部鄂陕界岭上
G103	天堡寨西北点（止点）	109°42′27.02″	32°36′22.44″	1378	大庙乡鲁家坝村北部鄂陕界岭上
G104	两省寨东寨门	109°47′48.71″	32°34′42.86″	1453.4	两省寨东南部
G105	两省寨折点1	109°47′47.72″	32°34′42.08″	1456	两省寨南部
G106	两省寨折点2	109°47′47.16″	32°34′42.52″	1455.2	两省寨西南部
G107	两省寨折点3	109°47′46.77″	32°34′43.26″	1489.3	两省寨西南部

工作编号	名称	坐标			地点
		东经（E）	北纬（N）	高程（米）	
G108	两省寨折点4	109°47′46.75″	32°34′44.06″	1454.9	两省寨西部
G109	两省寨折点5	109°47′46.44″	32°34′45.51″	1462.7	两省寨西部
G110	两省寨西寨门	109°47′46.07″	32°34′45.87″	1467.6	两省寨西北部
G111	两省寨折点6	109°47′45.79″	32°34′46.46″	1163.1	两省寨东北部
G112	两省寨折点7	109°47′47.69″	32°34′47.44″	1477.7	两省寨北部
G113	两省寨折点8	109°47′48.79″	32°34′46.05″	1471.1	两省寨东北部
G114	两省寨折点9	109°47′48.72″	32°34′44.01″	1463.2	两省寨东部
G115	二虎寨东寨北端	109°56′50.10″	32°33′50.46″	1556	得胜镇界岭村三组西北
G116	二虎寨东寨第一拐点	109°56′50.42″	32°33′49.30″	1554	德胜镇界岭村三组西北
G117	二虎寨东寨门	109°56′48.66″	32°33′48.46″	1550	距第一拐点约65米
G118	二虎寨东寨第二拐点	109°56′46.00″	32°33′49.83″	1551	距东门约100米
G119	二虎寨西寨起点	109°56′42.84″	32°33′50.33″	1550	距东寨约150米
G120	二虎寨西寨第一拐点	109°56′39.92″	32°33′49.92″	1552	得胜镇界岭村三组西北
G121	二虎寨西寨第二拐点	109°56′38.91″	32°33′50.84″	1555	德胜镇界岭村三组西北
G122	二虎寨西门	109°56′38.61″	32°33′53.18″	1558	距第二拐点约60米
G123	二虎寨西寨终点	109°56′39.75″	32°33′54.38″	1560	距西门约20米
G124	秦王寨城墙北端	110°20′51.00″	32°02′35.00″	870	门古寺镇马家村2组西南
G125	秦王寨城墙南端	110°20′53.00″	32°02′31.00″	898	门古寺镇马家村2组西南
G126	清安寨寨门	110°20′14.50″	32°02′32.80″	596	门古寺镇马家村2组东南
G127	清安寨山顶	110°20′12.00″	32°02′29.00″	629	门古寺镇马家村2组东南
G128	白山寨长城墙体起点	109°39′15.20″	33°09′34.90″	981	郧西县湖北口乡虎岩村白山梁山脊中点
G129	白山寨石墙第一拐点	109°39′14.20″	33°09′34.10″	979	郧西县湖北口乡虎头岩村白山梁西山脊下坡拐点
G130	白山寨石墙第二拐点	109°39′13.60″	33°09′34.10″	954	郧西县湖北口乡虎头岩村白山梁西坡小路
G131	白山寨石墙第三拐点	109°39′09.55″	33°09′33.10″	944	郧西县湖北口乡虎头岩村白山梁西山腰拐点
G132	白山寨石墙第四拐点	109°39′09.40″	33°09′32.09″	943	郧西县湖北口乡虎头岩村白山梁西山脊下坡拐点
G133	白山寨长城终点	109°39′09.10″	33°09′32.07″	931	郧西县湖北口乡虎头岩村白山梁西山腰中部
G134	湖北口关关墙A段	109°28′42.40″	33°11′26.08″	1098	湖北口乡湖北口村三组湖北口关秦亭
G135	湖北口关关墙B段	109°28′42.07″	33°11′21.40″	1098	湖北口乡湖北口村三组湖北口关楚亭
G136	五虎寨东寨石墙起点	111°13′45.14″	32°48′56.39″	503	习家店镇庞湾村五虎寨东寨
G137	五虎寨东寨第一拐点	111°13′48.21″	32°48′57.03″	526	习家店镇庞湾村五虎寨东寨
G138	五虎寨东寨第二拐点	111°13′51.49″	32°48′59.88″	536	习家店镇庞湾村五虎寨东寨
G139	五虎寨东寨第三拐点	111°14′04.81″	32°49′09.29″	578	习家店镇庞湾村五虎寨东寨
G140	五虎寨东寨峰顶	111°14′05.34″	32°49′12.55″	633	习家店镇庞湾村五虎寨东寨
G141	五虎寨东寨第四拐点	111°13′58.46″	32°49′18.60″	627	习家店镇庞湾村五虎寨东寨
G142	五虎寨东寨与第四寨交界处	111°13′56.03″	32°49′20.82″	630	习家店镇庞湾村五虎寨东寨与第四寨交界处
G143	五虎寨东寨终点	111°14′00.58″	32°49′25.36″	643	习家店镇庞湾村五虎寨东寨

工作编号	名称	坐标			地点
		东经（E）	北纬（N）	高程（米）	
G144	五虎寨第四寨（起点）	111°13′40.60″	32°48′58.30″	501	习家店镇庞湾村五虎寨第四寨
G145	五虎寨第四寨第一拐点	111°13′47.15″	32°49′09.19″	518	习家店镇庞湾村五虎寨第四寨
G146	五虎寨第四寨、第五寨交界点	111°13′56.03″	32°49′20.82″	630	习家店镇庞湾村五虎寨第四、五寨交界点
G147	五虎寨三、四寨第三拐点	111°13′41.34″	32°49′19.12″	583	习家店镇庞湾村五虎寨第四寨
G148	五虎寨第三、四寨交界点	111°13′30.23″	32°49′15.21″	567	习家店镇庞湾村五虎寨第三寨、四寨交界处
G149	五虎寨三、四寨第五拐点	111°13′29.28″	32°49′09.08″	551	习家店镇庞湾村五虎寨第三寨
G150	五虎寨三、四寨终点（第三寨起点）	111°13′28.86″	32°48′58.72″	523	习家店镇庞湾村五虎寨第三寨
G151	五虎寨一、二寨起点	111°13′20.08″	32°49′06.65″	567	习家店镇庞湾村五虎寨第一寨
G152	五虎寨第一、二寨第一拐点（第二拐点）	111°13′20.51″	32°49′10.35″	580	习家店镇庞湾村五虎寨第一寨
G153	五虎寨第一、二寨交界点	111°13′26.32″	32°49′14.79″	572	习家店镇庞湾村五虎寨第一、二寨交界点
G154	五虎寨第一、二寨第三拐点	111°13′26.22″	32°49′10.14″	564	习家店镇庞湾村五虎寨第二寨
G155	五虎寨第一、二寨第四拐点	111°13′25.26″	32°49′06.44″	553	习家店镇庞湾村五虎寨第二寨
G156	五虎寨第一、二寨终点	111°13′23.68″	32°49′00.94″	515	习家店镇庞湾村五虎寨第二寨
G157	铜锣寨石墙起点	111°13′17.70″	32°52′28.20″	1048	大沟林业管理区铜锣寨山顶
G158	铜锣寨石墙终点	111°13′16.92″	32°52′29.40″	1045	大沟林业管理区铜锣寨山顶
G159	寨山寨南门	111°19′05.10″	32°40′50.28″	671	凉水河镇檀山村寨山寨
G160	寨山东部悬崖正中点	111°19′06.03″	32°40′51.23″	676	凉水河镇檀山村寨山寨
G161	寨山寨东墙正中（东墙第一拐点）	111°19′05.78″	32°40′52.03″	673	凉水河镇檀山村寨山寨
G162	寨山寨东墙第二拐点	111°19′06.04″	32°40′53.02″	675	凉水河镇檀山村寨山寨
G163	寨山寨东、北墙交界点（小路）	111°19′05.26″	32°40′53.49″	678	凉水河镇檀山村寨山寨
G164	寨山寨北墙第一拐点	111°19′03.77″	32°40′52.94″	683	凉水河镇檀山村寨山寨
G165	寨山寨西北交界点	111°19′02.04″	32°40′53.16″	680	凉水河镇檀山村寨山寨
G166	寨山西南交界点	111°19′02.44″	32°40′51.34″	672	凉水河镇檀山村寨山寨
G167	牛头山石墙西北段起点	110°43′06.00″	32°36′13.26″	803	张湾区牛头山国家森林公园
G168	牛头山石墙西北段第一拐点	110°43′05.98″	32°36′14.38″	796	张湾区牛头山国家森林公园
G169	牛头山石墙西北段第一石门	110°43′05.64″	32°36′15.72″	791	张湾区牛头山国家森林公园
G170	牛头山石墙西北段第二拐点	110°43′05.00″	32°36′16.91″	789	张湾区牛头山国家森林公园
G171	牛头山石墙西北段第三拐点	110°43′05.59″	32°36′24.82″	749	张湾区牛头山国家森林公园
G172	牛头山石墙西北段第四拐点	110°43′04.79″	32°36′26.60″	746	张湾区牛头山国家森林公园
G173	牛头山石墙西北段第二石门	110°43′05.81″	32°36′28.12″	749	张湾区牛头山国家森林公园
G174	牛头山石墙西北段第五拐点	110°43′12.11″	32°36′37.26″	748	张湾区牛头山国家森林公园
G175	牛头山石墙西北段第三石门	110°43′13.00″	32°36′37.90″	746	张湾区牛头山国家森林公园
G176	牛头山石墙西北段终点	110°43′14.10″	32°36′38.28″	743	张湾区牛头山国家森林公园
G177	牛头山石墙东南段起点	110°43′06.44″	32°36′14.20″	798	张湾区牛头山国家森林公园
G178	牛头山石墙东南段第一拐点	110°43′08.13″	32°36′15.89″	785	张湾区牛头山国家森林公园
G179	牛头山石墙东南段第二拐点（石臼处）	110°43′09.53″	32°36′16.78″	783	张湾区牛头山国家森林公园

工作编号	名称	坐标			地点
		东经（E）	北纬（N）	高程（米）	
G180	牛头山石墙东南段第三拐点	110°43′10.04″	32°36′17.79″	794	张湾区牛头山国家森林公园
G181	牛头山石墙东南段第四拐点	110°43′11.01″	32°36′18.75″	798	张湾区牛头山国家森林公园
G182	老虎寨	110°43′12.56″	32°36′22.56″	805	张湾区牛头山国家森林公园
G183	牛头山石墙东南段第五拐点	110°43′14.82″	32°36′24.78″	807	张湾区牛头山国家森林公园
G184	牛头山石墙东南段第六拐点	110°43′16.81″	32°36′27.19″	711	张湾区牛头山国家森林公园
G185	牛头山石墙东南段第七拐点	110°43′17.44″	32°36′29.14″	669	张湾区牛头山国家森林公园
G186	牛头山石墙东南段第八拐点（石门）	110°43′19.05″	32°36′31.29″	639	张湾区牛头山国家森林公园
G187	牛头山石墙东南段第九拐点	110°43′16.56″	32°36′32.31″	662	张湾区牛头山国家森林公园
G188	牛头山石墙东南段终点	110°43′16.56″	32°36′34.26″	670	张湾区牛头山国家森林公园
G189	牛头山石墙东南段、西北段交界点	110°43′14.10″	32°36′38.28″	743	张湾区牛头山国家森林公园
G190	牛头山西北段石墙附墙起点	110°43′12.11″	32°36′37.26″	747	张湾区牛头山国家森林公园
G191	牛头山西北段石墙附墙第一拐点	110°43′13.42″	32°36′39.80″	743	张湾区牛头山国家森林公园
G192	牛头山西北段石墙附墙石门	110°43′14.44″	32°36′41.03″	739	张湾区牛头山国家森林公园
G193	牛头山西北段石墙附墙终点	110°43′15.79″	32°36′40.90″	741	张湾区牛头山国家森林公园
G194	牛头山土墙起点	110°43′03.36″	32°36′11.05″	698	张湾区牛头山国家森林公园
G195	牛头山土墙第一拐点	110°42′58.15″	32°36′08.19″	731	张湾区牛头山国家森林公园
G196	牛头山土墙第二拐点	110°42′54.16″	32°36′05.42″	751	张湾区牛头山国家森林公园
G197	牛头山土墙第三拐点	110°42′47.92″	32°36′04.55″	710	张湾区牛头山国家森林公园
G198	牛头山土墙第四拐点	110°42′43.41″	32°36′00.90″	683	张湾区牛头山国家森林公园
G199	牛头山土墙终点	110°42′37.59″	32°35′59.34″	719	张湾区牛头山国家森林公园
G200	潘家寨石墙起点	110°43′40.76″	32°42′37.74″	546	张湾区汉江街道办刘家村
G201	潘家寨石墙第一拐点	110°43′39.31″	32°42′38.71″	558	张湾区汉江街道办刘家村
G202	潘家寨石墙第二拐点	110°43′38.94″	32°42′38.71″	559	张湾区汉江街道办刘家村
G203	潘家寨石墙第三拐点	110°43′38.10″	32°42′39.33″	562	张湾区汉江街道办刘家村
G204	潘家寨石墙瓮城石门	110°43′37.81″	32°42′38.92″	561	张湾区汉江街道办刘家村
G205	潘家寨石墙第四拐点	110°43′37.53″	32°42′38.68″	561	张湾区汉江街道办刘家村
G206	潘家寨石墙第五拐点	110°43′38.29″	32°42′38.19″	557	张湾区汉江街道办刘家村
G207	潘家寨石墙第六拐点	110°43′38.48″	32°42′37.92″	556	张湾区汉江街道办刘家村
G208	潘家寨石墙第七拐点	110°43′39.84″	32°42′36.51″	543	张湾区汉江街道办刘家村
G209	红岩寨起点石墙	110°37′10.34″	32°32′13.17″	810	十堰市张湾区西沟乡长平塘村
G210	红岩寨第一拐点	110°37′11.93″	32°32′12.62″	823	十堰市张湾区西沟乡长平塘村
G211	红岩寨西门	110°37′12.12″	32°32′11.11″	848	十堰市张湾区西沟乡长平塘村
G212	红岩寨第二拐点	110°37′12.63″	32°32′09.11″	865	十堰市张湾区西沟乡长平塘村
G213	红岩寨南门	110°37′14.85″	32°32′09.42″	873	十堰市张湾区西沟乡长平塘村
G214	红岩寨第三拐点	110°37′17.19″	32°32′11.02″	861	十堰市张湾区西沟乡长平塘村
G215	红岩寨东门	110°37′17.20″	32°32′12.68″	856	十堰市张湾区西沟乡长平塘村

工作编号	名称	坐标			地点
		东经（E）	北纬（N）	高程（米）	
G216	红岩寨第四拐点	110°37′16.88″	32°32′13.84″	847	十堰市张湾区西沟乡长平塘村
G217	红岩寨第五拐点	110°37′15.20″	32°32′15.04″	839	十堰市张湾区西沟乡长平塘村
G218	红岩寨终点	110°37′17.04″	32°32′15.95″	843	十堰市张湾区西沟乡长平塘村
G219	梓桐垭关	109°33′17.00″	32°13′15.00″	1257	湖北省竹溪县鄂坪乡梓桐垭村三组南两公里处
G220	柳树垭关	109°30′05.00″	32°19′03.00″	840	湖北省竹溪县鄂坪乡梓桐垭村三组南两公里处
G221	三里沟关	109°35′24.60″	32°31′08.37″	876	竹坪乡六合村二组西北
G222	铁炉沟关	109°44′06.12″	32°35′47.01″	1167.1	大庙乡梭子沟村三组西北部
G223	梭子沟关	109°43′43.12″	32°36′09.69″	1205	大庙乡梭子沟村三组西北部2公里处
G224	蚂蝗沟关	109°45′07.20″	32°35′07.20″	1235	大庙乡浬泗沟村四组西北
G225	湖北口关	109°28′42.07″	33°11′26.30″	1097	湖北省十堰市郧西县湖北口回族乡湖北口村三组
G226	小寨子堡	109°33′46.00″	33°09′07.30″	1112	湖北省十堰市郧西县湖北口回族乡塔坪岭村七组
G227	香炉寨关	110°22′19.54″	32°37′36.30″	930	湖北省十堰市郧县鲍峡镇大堰沟村四组
G228	七里寨南部敌台	109°31′44.00″	32°15′54.00″	1365	蒋家堰镇龙阳村四组西部鄂陕界岭
G229	七里寨北部敌台	109°31′44.00″	32°15′54.00″	1365	蒋家堰镇龙阳村四组西部鄂陕界岭
G230	山堡寨敌台	109°30′08.00″	32°19′30.00″	940	蒋家堰镇关垭村六组西部
G231	擂鼓台敌台	109°30′46.00″	32°19′56.00″	845	蒋家堰镇关垭村六组西北部
G232	三里沟铺房	109°35′24.49″	32°31′08.22″	875.5	竹坪乡六合村二组西北
G233	梭子沟敌台	109°43′42.06″	32°36′11.11″	1207.4	大庙乡梭子沟村北部
G234	梭子沟铺房	109°43′37.99″	32°36′15.99″	1232.8	大庙乡梭子沟村北部
G235	二虎寨铺房	109°56′46.85″	32°33′51.11″	1558	得胜镇界岭村三组西北
G236	蚂蝗沟敌台1	109°45′07.55″	32°35′07.45″	1245	大庙乡浬泗沟村四组西北
G237	蚂蝗沟敌台2	109°45′12.15″	32°35′11.05″	1243	大庙乡浬泗沟村四组西北
G238	香炉寨烽火台	110°22′19.54″	32°37′36.30″	930	湖北省十堰市郧县鲍峡镇大堰沟村四组
G239	牛头山石墙西北段铺房	110°43′15.20″	32°36′40.34″	743	十堰市张湾区牛头山国家森林公园
G240	牛头山石墙东南段铺房	110°43′16.09″	32°36′27.66″	712	十堰市张湾区牛头山国家森林公园
G241	牛头山烽火台	110°43′06.54″	32°35′30.18″	822	十堰市张湾区牛头山国家森林公园
G242	虎头岩石墙起点	109°38′25.48″	33°09′23.18″	838	虎头岩十组
G243	虎头岩石墙第二拐点	109°38′25.36″	33°09′23.18″	802	虎头岩村十组
G244	虎头岩石墙第三拐点	109°38′25.24″	33°09′23.12″	801	虎头岩村十组

附表5　湖北省早期长城资源调查工作编号统计表

工作编号	调查点名称	调查点所在地
ZX1001	竹溪县柳树垭南段城墙	湖北省竹溪县鄂坪乡梓桐垭村三组南两公里处
ZX1002	竹溪县柳树垭北段城墙	湖北省竹溪县鄂坪乡梓桐垭村三组南两公里处
ZX1003	竹溪县王家沟南段城墙	蒋家堰镇蔓荆沟村七组西部鄂陕界岭
ZX1004	竹溪县王家沟北段城墙	蒋家堰镇蔓荆沟村七组西部鄂陕界岭
ZX1005	竹溪县七里寨长城	蒋家堰镇龙阳村四组西部鄂陕界岭
ZS1001	竹山县三里沟西段城墙	竹坪乡六合村二组西北三里沟垭子东部
ZS1002	竹山县三里沟东段城墙	竹坪乡六合村二组西北三里沟垭子东部
ZS1003	竹山县铁炉沟东南段城墙	大庙乡铁炉沟村四组北部鄂陕界岭
ZS1004	竹山县铁炉沟西段城墙	大庙乡铁炉沟村四组北部鄂陕界岭
ZS1005	竹山县梭子沟南段城墙	大庙乡梭子沟村东北鄂陕界岭
ZS1006	竹山县梭子沟西北段城墙	大庙乡梭子沟村东北鄂陕界岭
ZS1007	竹山县蚂蝗沟西南段城墙	大庙乡浬泗沟三组西北蚂蝗沟界岭山垭
ZS1008	竹山县蚂蝗沟东北段城墙	大庙乡浬泗沟三组西北蚂蝗沟界岭山垭
ZS1009	竹山县浬泗沟长城西段城墙	大庙乡浬泗沟村四组北部鄂陕界岭
ZS1010	竹山县浬泗沟长城东段城墙	大庙乡浬泗沟村四组北部鄂陕界岭
ZS1011	竹山县二虎寨东寨	得胜镇界岭村三组西北
ZS1012	竹山县二虎寨西寨	得胜镇界岭村三组西北
YXX1001	郧西县白山寨长城	郧西县湖北口乡虎头岩村白山梁山脊中点
YXX1002	郧西县湖北口关附属石墙	湖北口乡湖北口村三组湖北口关秦亭
ZW1001	张湾区牛头山土墙	张湾区牛头山国家森林公园
ZX2001	竹溪县梓桐垭关	湖北省竹溪县鄂坪乡梓桐垭村三组南两公里处
ZX2002	竹溪县柳树垭关	湖北省竹溪县鄂坪乡梓桐垭村三组南两公里处
ZX2003	竹溪县关垭关	蒋家堰镇关垭村六组西部关垭南侧山腰
ZS2001	竹山县三里沟关	竹坪乡六合村二组西北三里沟垭子东部
ZS2002	竹山县铁炉沟关	大庙乡铁炉沟村四组北部鄂陕界岭
ZS2003	竹山县梭子沟关	大庙乡梭子沟村东北鄂陕界岭
ZS2004	竹山县蚂蝗沟关	大庙乡浬泗沟三组西北蚂蝗沟界岭山垭
ZS2005	竹山县老龙寨堡	竹坪乡六合村二组北部鄂陕界岭上
ZS2006	竹山县天宝寨堡	大庙乡鲁家坝村北部鄂陕界岭上
ZS2007	竹山县两省寨堡	大庙乡鲁家坝村北部鄂陕界岭上
FX2001	房县秦王寨堡	门古寺镇马家村2组西南
FX2002	房县清安寨堡	门古寺镇马家村2组东南
YXX2001	郧西县湖北口关	湖北口乡湖北口村三组湖北口关秦亭
YXX2002	郧西县小寨子堡	湖北省十堰市郧西县湖北口回族乡塔坪岭村七组
YXX2003	郧西县虎头岩堡	郧西县湖北口乡虎头岩村白山梁西山腰中部
YX2001	香炉寨关	湖北省十堰市郧县鲍峡镇大堰沟村四组

工作编号	调查点名称	调查点所在地
DJK2001	丹江口市大沟林业管理区铜锣寨堡	大沟林业管理区铜锣寨山顶
DJK2002	丹江口市凉水河镇寨山堡	凉水河镇檀山村寨山寨
DJK2003	丹江口市五虎寨堡	丹江口市习家店庞湾村9组
ZW2001	张湾区牛头山堡	张湾区牛头山森林公园
ZW2002	张湾区潘家寨堡	十堰市张湾区汉江街道办刘家村1组
ZW2002	张湾区红岩寨堡	十堰市张湾区西沟乡长平塘村
ZX3001	竹溪县七里寨南部敌台	蒋家堰镇龙阳村四组西部鄂陕界岭
ZX3002	竹溪县七里寨北部敌台	蒋家堰镇龙阳村四组西部鄂陕界岭
ZX3003	竹溪县山堡寨敌台	蒋家堰镇关垭村六组西部
ZX3004	竹溪县擂鼓台敌台	蒋家堰镇关垭村六组西北部
ZS3001	竹山县三里沟铺房	竹坪乡六合村二组西北三里沟垭子东部
ZS3002	竹山县三里沟敌台1	竹坪乡六合村二组西北三里沟垭子东部
ZS3003	竹山县三里沟敌台2	竹坪乡六合村二组西北三里沟垭子东部
ZS3004	竹山县梭子沟敌台	大庙乡梭子沟村东北鄂陕界岭
ZS3005	竹山县梭子沟铺房	大庙乡梭子沟村东北鄂陕界岭
ZS3006	竹山县二虎寨铺房	得胜镇界岭村三组西北
ZS3007	竹山县蚂蝗沟敌台1	大庙乡浬泗沟三组西北蚂蝗沟界岭山垭
ZS3008	竹山县蚂蝗沟敌台2	大庙乡浬泗沟三组西北蚂蝗沟界岭山垭
YX3001	郧县香炉寨烽火台	湖北省十堰市郧县鲍峡镇大堰沟村四组
ZW3001	张湾区牛头山石墙西北段铺房	张湾区牛头山国家森林公园
ZW3002	张湾区牛头山石墙东南段铺房	张湾区牛头山国家森林公园
ZW3003	张湾区牛头山烽火台	张湾区牛头山国家森林公园

长城遗址分布图

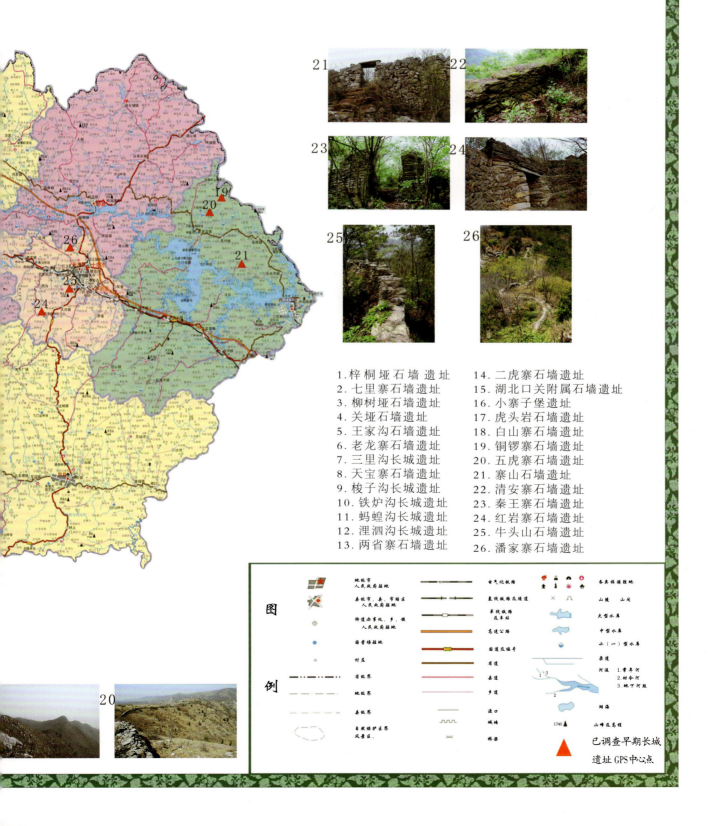

1. 梓桐垭石墙 遗址
2. 七里寨石墙遗址
3. 柳树垭石墙遗址
4. 关垭石墙遗址
5. 王家沟石墙遗址
6. 老龙寨石墙遗址
7. 三里沟长城遗址
8. 天宝寨石墙遗址
9. 梭子沟长城遗址
10. 铁炉沟长城遗址
11. 蚂蝗沟长城遗址
12. 浬泗沟长城遗址
13. 两省寨石墙遗址
14. 二虎寨石墙遗址
15. 湖北口关附属石墙遗址
16. 小寨子堡遗址
17. 虎头岩石墙遗址
18. 白山寨石墙遗址
19. 铜锣寨石墙遗址
20. 五虎寨石墙遗址
21. 寨山石墙遗址
22. 清安寨石墙遗址
23. 秦王寨石墙遗址
24. 红岩寨石墙遗址
25. 牛头山石墙遗址
26. 潘家寨石墙遗址

竹溪县早期长城遗址分布图

1　王家沟石墙遗址
2　关垭石墙遗址
3　柳树垭石墙遗址
4　七里寨石墙遗址
5　梓桐垭石墙遗址

管长城调查分县图

竹山县早期长城遗址分布图

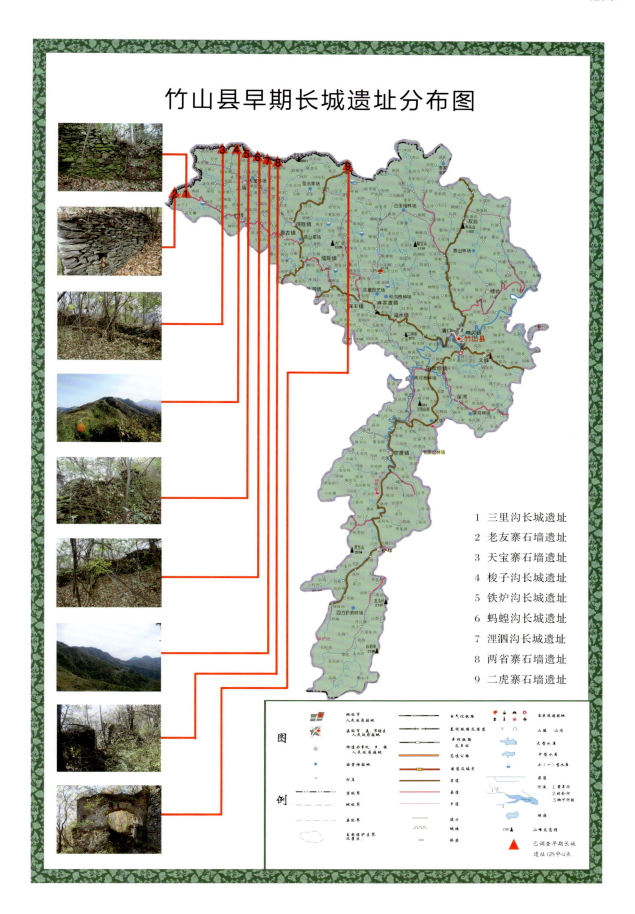

1 三里沟长城遗址

2 老友寨石墙遗址

3 天宝寨石墙遗址

4 梭子沟长城遗址

5 铁炉沟长城遗址

6 蚂蝗沟长城遗址

7 浬泗沟长城遗址

8 两省寨石墙遗址

9 二虎寨石墙遗址

房县早期

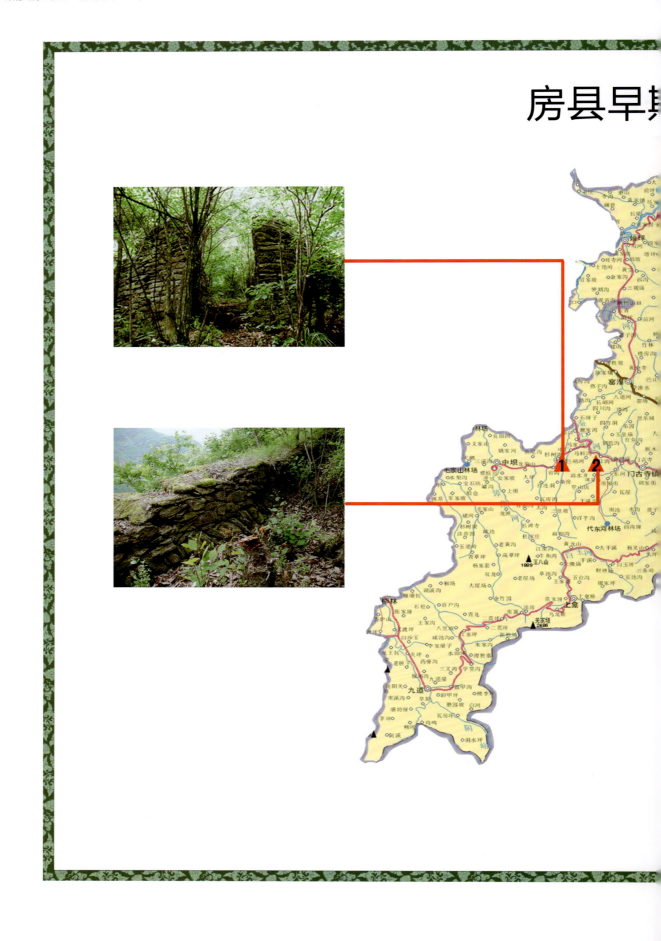

长城遗址分布图

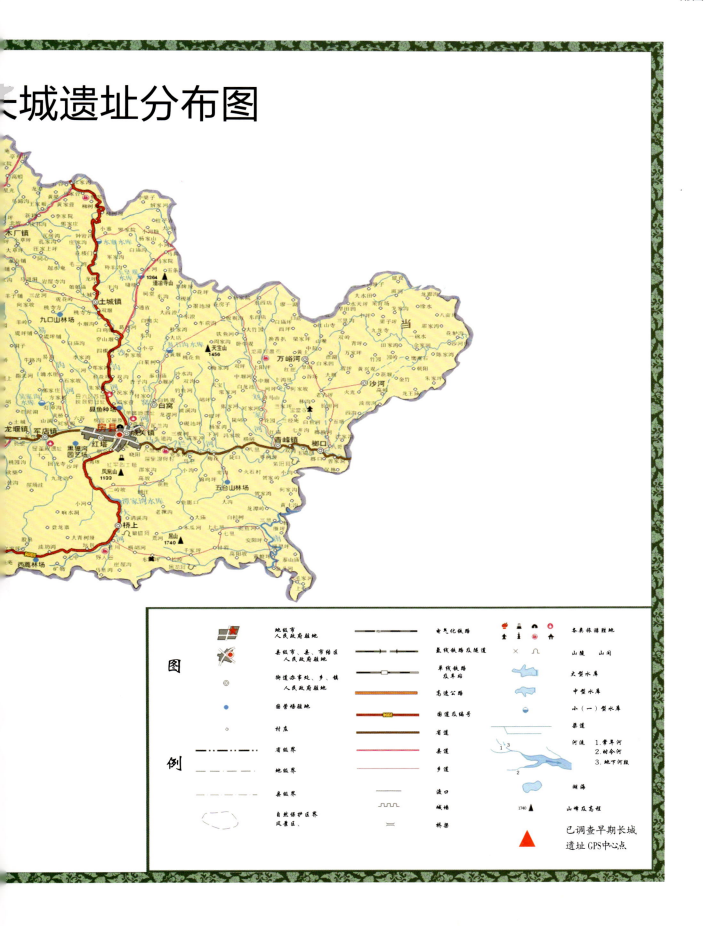

图例

- 地级市人民政府驻地
- 县级市、县、市辖区人民政府驻地
- 街道办事处、乡、镇人民政府驻地
- 国营畜牧驻地
- 村庄
- 省级界
- 地级界
- 县级界
- 自然保护区界风景区

- 电气化铁路
- 复线铁路及隧道
- 单线铁路及车站
- 高速公路
- 国道及编号
- 省道
- 县道
- 乡道
- 渡口
- 城墙
- 桥梁

- 各类旅游胜地
- 山陵　山洞
- 大型水库
- 中型水库
- 小（一）型水库
- 渠道
- 河流　1.常年河　2.时令河　3.地下河段
- 湖海
- 1740 ▲ 山峰及高程
- 🔺 已调查早期长城遗址 GPS 中心点

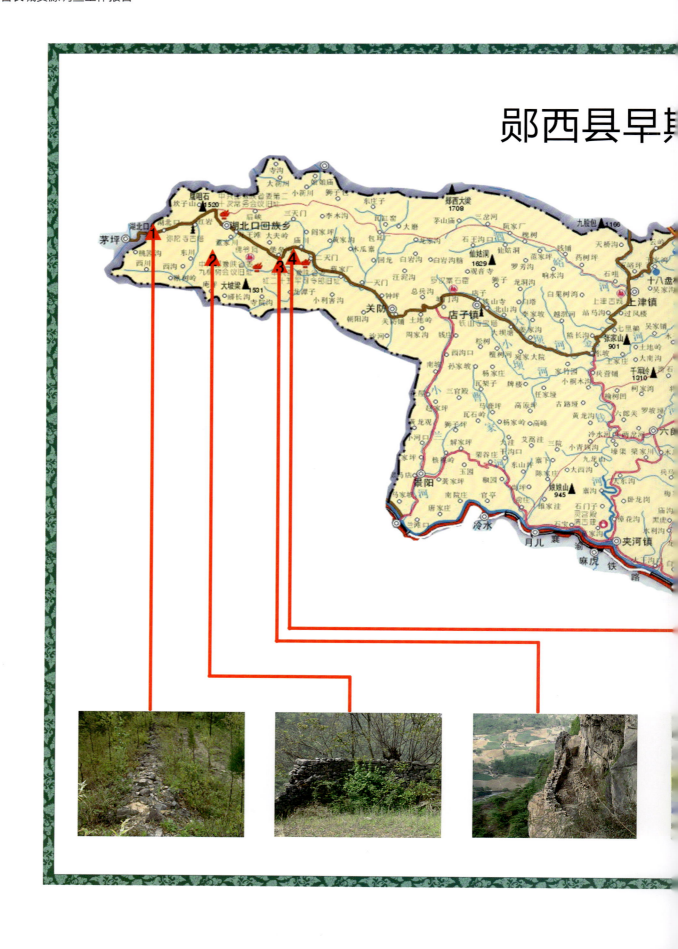

郧西县早期

长城遗址分布图

1　湖北口关附属石墙遗址

2　小寨子堡遗址

3　虎头岩石墙遗址

4　白山寨石墙遗址

图例

	地级市人民政府驻地		电气化铁路	各类旅游胜地
	县级市、县、市辖区人民政府驻地		襄线铁路及隧道	山陵　山涧
	街道办事处、乡、镇人民政府驻地		单线铁路及车站	大型水库
	国营场驻地		高速公路	中型水库
	村庄		国道及编号	小（一）型水库
	省级界		省道	县道
	地级界		县道	河流　1.常年河 2.时令河 3.地下河段
	县级界		乡道	湖海
	自然保护区界风景区		渡口	山峰及高程
			城墙	已调查早期长城遗址GPS中心点
			桥梁	

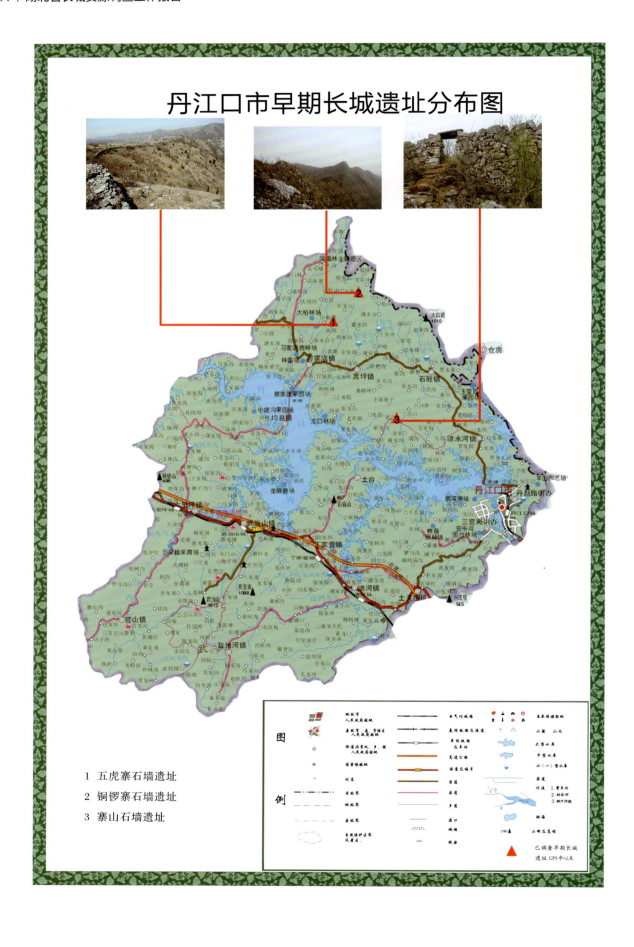

丹江口市早期长城遗址分布图

1 五虎寨石墙遗址

2 铜锣寨石墙遗址

3 寨山石墙遗址

十堰市张湾区早期长城遗址分布图

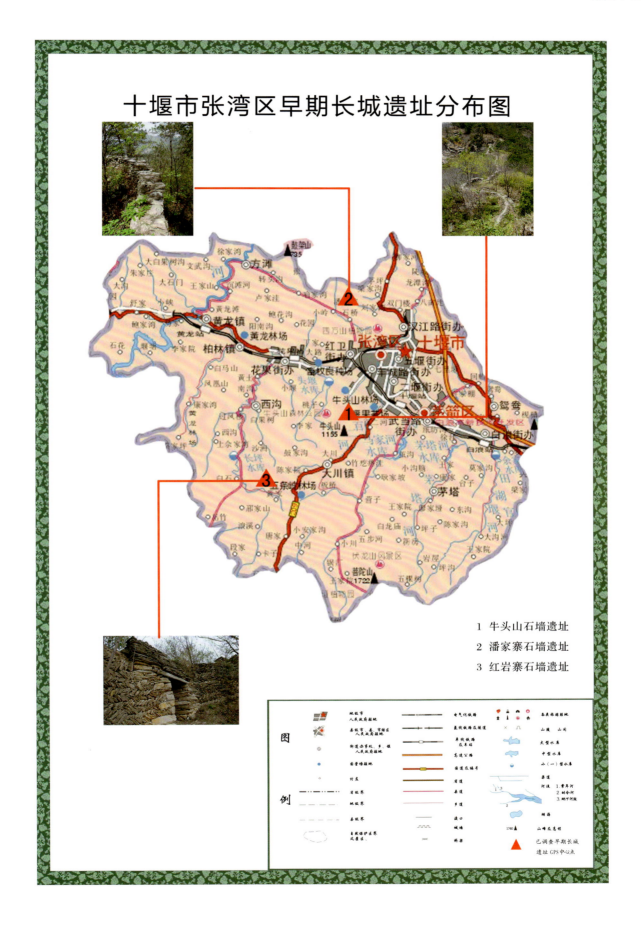

1 牛头山石墙遗址

2 潘家寨石墙遗址

3 红岩寨石墙遗址

附录一

湖北早期长城考古试掘报告

十堰市博物馆

　　2011年3月至5月，在湖北省文物局长城资源领导小组办公室的统一部署下，十堰市博物馆受湖北长城资源调查工作项目单位，湖北省文化厅古建筑保护中心的委托，对十堰市境内竹溪县关垭遗址、竹山县皇城遗址、郧西县白山寨、丹江口市铜锣寨与古寨山遗址进行了考古试掘，此五处具体试掘地点由省长城办提供。现对各考古点发掘情况逐一分述，对此次考古试掘工作简报如下。

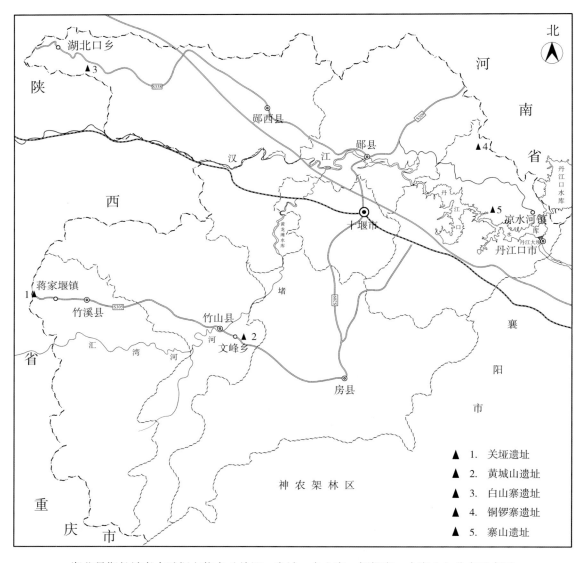

湖北早期长城考古试掘文物点（关垭、皇城、白山寨、铜锣寨、古寨山）分布示意图

一、关垭遗址

关垭遗址位于湖北省十堰市竹溪县蒋家堰镇关垭子村六组，与陕西省安康市平利县长安镇张家店村四组接壤。关垭遗址所在地湖北一侧为鄂 305 省道的终点（起点于湖北省襄樊市区，途经南漳、保康、房县、竹山、竹溪，全长约 380 公里），陕西一侧为 308 省道的起点。距蒋家堰镇约 10 公里，距竹溪县城约 20 公里，距平利县城也约 20 公里。关垭坐落于陕西与湖北接壤的山脊分水岭上，陕西一侧为汉江支流灞河上源支流流域，湖北一侧为汉江支流堵河上源竹溪河支流流域。

鄂陕两省的省道从关垭正中间穿过，在两侧的山坡上，尚可见到残垣，墙体依山而筑。现省道路面已低于原基址 10 余米。

（一）地层堆积

按工作计划，在关垭遗址南北两侧分别布探沟一条，分别为 TG1 与 TG2。TG1 在北部，为发掘方便及准确说明探沟地层堆积与墙体之间的关系，其方向依具体的情况而定。TG1 长 30 米，宽 4 米。前期宽 1 米，后期进行了扩方。探沟东西两端分别抵墙体，同时在西端残垣处，对墙体进行了解剖。

TG1 地层堆积如下：

TG1 地层堆积比较简单，只发现一个地层，即第①层。但在第①层之上，靠近东西两侧墙体处，其上堆积有墙体的坍塌堆积；其下则为生土，即山体基岩。

第①层：耕土层，厚 0 ~ 30 厘米。局部已有岩石裸露。土质松散，夹杂有大量的碎石颗粒，土色为灰褐色。

TG2 地层堆积如下：

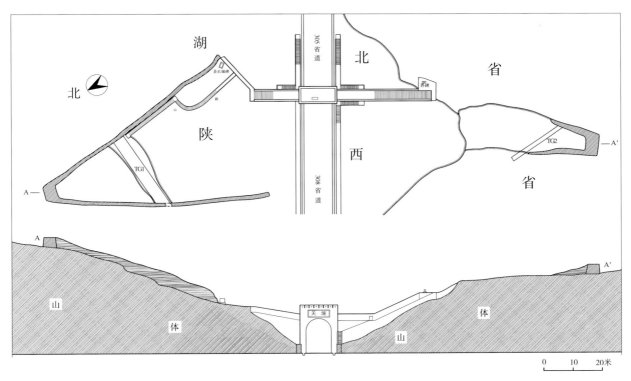

关垭遗址平面图

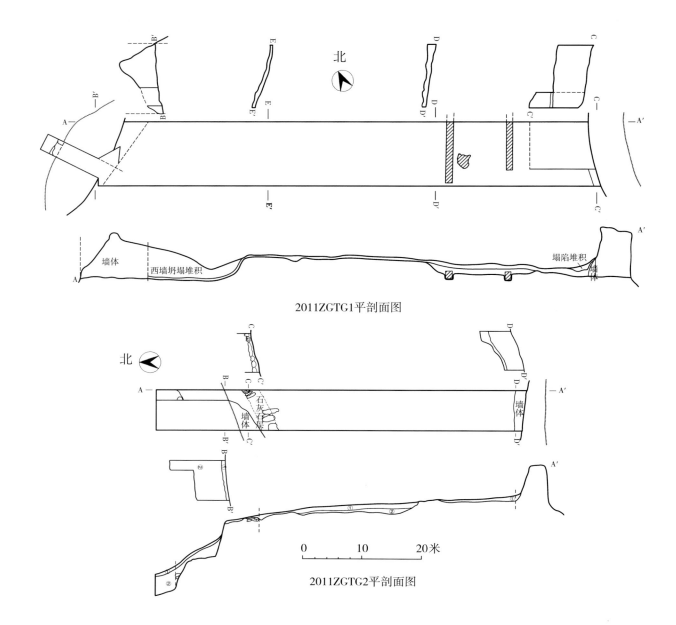

2011ZGTG1平剖面图

2011ZGTG2平剖面图

0   10   20米

第①层：即耕土层，土色上部呈灰褐色，下部呈黄灰色，土质疏松，细腻，湿度大，黏性小，内含大量土豆根茎。厚10至25厘米。

第②层：土色呈黄褐色，较①层硬，湿度小，有黏性。上部土色较浅，土质纯净，出土少量近代青瓦片；下部土色偏褐色，夹杂有少量山体石块，出土有少量釉陶、瓷片、瓦片。距地表深35至60厘米，厚20至40厘米。

生土为黄褐色，夹白色山体石，土质较硬，紧结、致密。

（二）遗物

1. 采集遗物

在关垭遗址及周边范围发现的遗物并不丰富，但也仍采集到一定数量的瓷片、釉陶片及1枚铜钱。地面调查发现的瓷片均为青花瓷片，釉陶片则多施黄釉，红陶胎。有的可辨器形，有瓷碗、釉陶罐等。标本如下：

标本采集：1，铜钱，道光通宝。

标本采集：2，瓷碗底部残片，圈足。青花瓷。遗址北部西侧墙体（下段）坍塌堆积中发现。

标本采集：3，瓷盘底部残片，圈足。青花瓷。遗址南部西侧墙体外坡地上采集。

2. 出土遗物

标本 TG1 ① : 1，瓷碟。青花瓷。宽平沿内倾，斜腹，圈足，沿面外缘有花边。

标本 TG1 ① : 2，釉陶盆。敞口，厚唇，斜腹，平底微内凹，上部施青釉，器表饰宽粗凸弦纹，泥条盘筑法制。通高 9.2、口径 22.5、底径 14.5 厘米。

标本 TG1 ①：3，釉陶盆。斜腹，平底微内凹，器表饰宽粗凸弦纹，泥条盘筑法制。

釉陶罐片（北部西墙坍塌堆积：1，青釉，厚唇，溜肩）

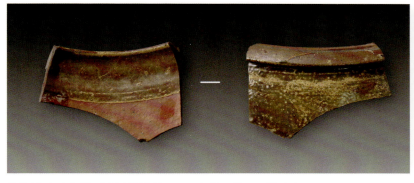 

釉陶罐片（北部西墙坍塌堆积：2，青釉，敛口，溜肩）

釉陶片（西墙：2，青釉，陶质硬，厚唇。西墙夯层中出土）

釉陶片（西墙：1，陶质硬，平底。西墙夯层中出土）

瓷片陶片（TG1 出土）

釉陶片（西墙：3，陶质硬，红陶胎。平底微内凹。西墙夯层中出土）

釉陶片（西墙：4，陶质硬，红陶胎。平底微内凹。西墙夯层中出土）

釉陶片（西墙：5，陶质硬，红陶胎。平底。西墙夯层中出土）

釉陶片（标本 TG2：1，内外施青釉。敛口，宽沿）

釉陶片（标本 TG2：2，内外施青釉。附一耳）

釉陶罐片（标本 TG2：3，内外施青釉。斜腹，平底）

二、皇城遗址

皇城遗址位于竹山县文峰乡皇城村二组，燕子沟源头分水岭致高点上，当地传为"土城"，西北距竹山县城约 20 公里。

遗址顶端较为平坦，平面大致呈椭圆形。四周均为陡崖，唯北侧一小道可通其上。长满杂树与荆棘、灌木、杂草等，尤其地表有较厚的植物腐质堆积层。遗址从北至南沿东部边缘尚保存有长约 45 米的残土垣，整体残垣呈弧形，向东弧出。残垣高低起伏，间有断缺，外侧陡峭，内侧为缓坡状。

（一）地层堆积

皇城遗址共布探方 6 个，布方面积为 5×5 平方米，其北、东边各留宽 1 米的隔梁，方向为正方向。所布探方大部分布于残垣内侧，局部越过残垣，以期便于解剖墙体。

地层堆积以 T3 为例说明如下：

第①层：堆积层东高西低，堆积厚度比较平均。为灰黑色黏土，黏性大，土质松软，含有大量植物腐质与根茎。此层为近期植被腐质层。厚 5 ~ 10 厘米。

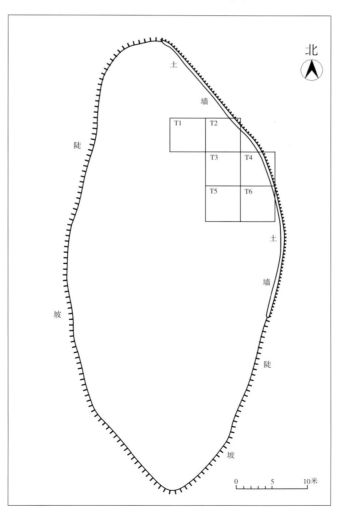

皇城探方分布示意图

第②层：堆积层东高西低，东部堆积较厚，西部堆积较薄。为黄褐色黏土，黏性较大，土质较为松软，含有较多的石子与植物根茎，以及少量红烧土遗迹。厚 12 ～ 26 厘米。

第③层：分为③a、③b、③a 三个小层，分布于 TG1 的西部，东部墙体附近不见分布。为黄褐色黏土，局部含沙，颜色偏黄，土质疏松，含有大量石籽、红烧土颗粒，③a 层东部薄西部厚，厚 0 ～ 69 厘米。③b 层黄褐色沙质黏土，颜色偏褐，土质比③a 较硬，含有大量石籽，仅分布于 TG1 北隔梁中部附近，东部薄西部厚。为墙体坍塌堆积。厚 0 ～ 36 厘米。

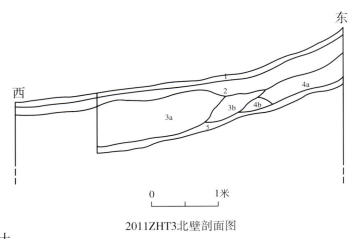

2011ZHT3北壁剖面图

第④层：可分为两小层，④a 为黄褐色土石夯层，土质致密，但夯层痕迹不明显。④b 为灰白色土石层，土质较为致密，仅分布在④a 层的西侧。

第⑤层：为灰烬、红烧土层，土色红、黑混杂，土质较为致密。分布整个 TG1 内，堆积分布较为均匀，东部较薄，西部较厚，厚 5 ～ 11 厘米。

（二）遗物

发掘出土遗物非常少，仅在 T5 中发现一个极薄的灰烬面，亦无形状，在石缝中发现 3 件器物，分别为青瓷片、陶片与铁镰。

青瓷碗，标本 2011ZHT5 ③：1，1 件。青花瓷。上部残损，斜腹，圈足，内底较平，圈足上底缘及内圈部分未施釉。

陶罐，标本 2011ZHT5 ③：3，1 件。罐底残片，黑陶，斜腹，平底。

铁镰，标本 2011ZHT5 ③：2，顶部已残，锈蚀严重。

陶罐

铁镰

青瓷碗

三、白山寨

白山寨位于郧西县湖北口回族自治乡虎头岩村一组。东侧山脚下为鄢家河，西与虎头岩山对峙，南接郧西县关防乡二天门，北临红岭梁子。在试掘工作的同时，调查发现附近曾在 20 世纪 70 年代采集到一件青铜戈以及一件青铜镜。为此，在此两件器物持有者的指认捡拾地点处，布探沟（T3）一个，作了一个试掘，以便了解所在地点的地层堆积状况。

（一）地层堆积

在白山寨遗址的东段、及西端，布探方 2 个，规格 5 米 ×5 米。后又因调查发现一件青铜戈

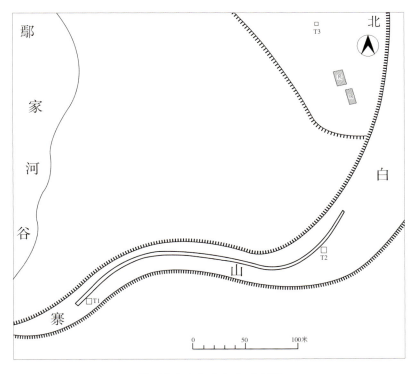

郧西白山寨探沟分布示意图

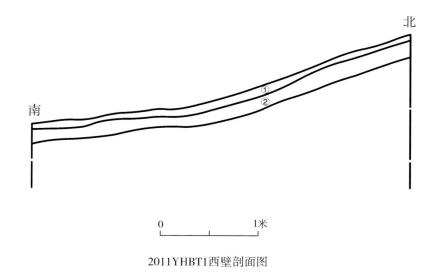

2011YHBT1西壁剖面图

与青铜镜，便在戈的发现区域布探沟 1 个，规格 2 米 ×2 米。依次编号为 1、T2、T3。分述如下：

1. 2011YHBT1

以西壁为例。

第①层：厚 4 ~ 5 厘米,土色黑褐色,土质极为松散,包含物为落叶、树枝堆积形成的腐殖堆积。

第②层：厚 15 ~ 20 厘米，局部厚 25 厘米，土色灰褐土，土质较为松散，包含物为山体石块、树根等，为人为扰动的填土堆积。该层虽然没有出土遗物也没有发现遗迹，但我们通过比对 2011YHBT2 的地层堆积，将此层划入文化层堆积。

生土层距地表 19 ~ 25 厘米，青石黄泥白砂土。

2. 2011YHBT2

以南壁为例。

第①层：厚 4 ~ 5 厘米,土色黑褐色,土质极为松散,包含物为落叶、树枝堆积形成的腐殖堆积。

第②层：厚 10 ~ 15 厘米，局部厚 25 厘米，土色灰褐土，土质较为松散，包含有山体石块、树根等，出土遗物有青花瓷碗底、打火石等，打火石是石质明显为外来品与该山体石质不同，该层属文化层堆积。

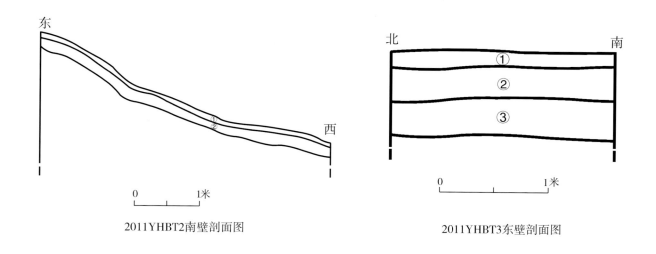

2011YHBT2南壁剖面图　　　　　　　　　　2011YHBT3东壁剖面图

生土层距地表 19 ~ 25 厘米，青石黄泥白砂土。

3．2011YHBT3

以东壁为例。

第①层：厚 4 ~ 5 厘米，土色黑褐色，土质极为松散，包含物为落叶、树枝堆积形成的腐殖堆积。

第②层：厚 15 ~ 20 厘米，局部厚 25 厘米，土色灰褐土，土质较为松散，包含物为山体石块、树根等，为填土堆积。

第③层：距地表 19 ~ 25 厘米，厚 35 ~ 45 厘米黄泥土，土质黏性，包含小石块、青石板等，曾在该层出土过铜戈等，属文化层堆积。

生土层距地表 54 ~ 60 厘米，黄褐色砂土层。

（二）遗物

1．出土遗物

仅有 2 件，分别为一件青瓷碗底残片和一件打火石。

2．采集遗物

调查发现的一件青铜戈与一件青铜镜，目前尚在当地村民杨宗华手中，保存完好。据其讲述，此两件器物为其父在 20 世纪 70 年代发现。

青瓷碗　　　　　　　　　　　　　　　　　打火石

四 、铜锣寨

铜锣寨位于丹江口市习家店镇大沟林业开发管理区曹家店村二组，TG1 位于铜锣寨东侧崖下

青铜戈

青铜镜

的寨坪中部。整个寨坪经过 20 世纪五六十年代"五七干校"时期，将山坡地的整改成梯田。寨坪现为东高西低的山坡地，坡度较大，地表长有大量杂草、灌木和少量树木。当前 TG1 地表长有杂草边，周长有树木，为无人居住的山坡荒地。

（一）地层堆积

通过发掘，2011 丹江口市铜锣寨 TG1 共分为二层。

第①层：表土层为黑灰色的腐叶质土，土色呈深黑灰色，松散无黏性，土内夹杂有较多的植物腐烂物质、植物根茎，厚 10 ~ 18 厘米。

第②层：土色呈黄褐色，深 10 ~ 18 厘米，厚 15 ~ 30 厘米。土质较软且黏性较大，夹有植物根茎及较多的碎石，出土少量的近现代陶瓦片，盆口沿陶片，分布全部探沟内。

生土为黄色，土质较纯，夹有较少的植物根茎。

（二）遗物

出土遗物非常少，出土于第②层。均为灰陶，有灰陶瓦片，及残陶片。所出灰陶瓦片与近现代瓦布形制基本一致。

五、古寨山遗址

古寨山地处丹江口市凉水河镇

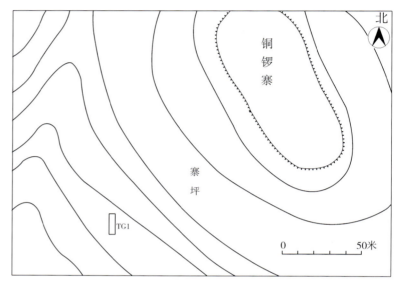

铜锣寨探沟分布示意图

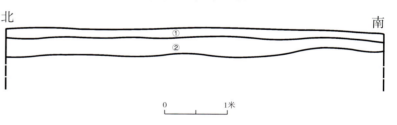

2011DTTG1东壁剖面图

出土遗物残片

寨山村1组，寨山上保存有一座古寨，石寨墙尚有保存，总体轮廓清晰，为石块垒砌而成。由此向南顺沟谷即达汉江（丹江口水库），现已被公布为湖北省重点文物保护单位。

此次试掘地点位于寨顶中部，山寨的顶部较为平坦开阔，地表现为荒草地。

（一）地层堆积

布探沟1个，编号为TG1，规格为2米×7米。地层堆积如下：

第①层：表土层为黄褐色土，土质较硬无黏性，板结，土内夹杂有较多的植物根茎和碎石，厚5～25厘米，未分布全部探沟，在探沟的东南角没有①层分布。

第②层：土色呈褐黄色，深5～20厘米，厚10～25厘米。土质较细密且硬，较板结，夹有植物根茎及较多的碎石，极少草木灰，出土少量的近现代陶瓦片，盆口沿陶片，分布全部探沟内。

生土为红褐色，为红色砂岩风化所形成，土质较硬，较纯，无黏性。

（二）遗物

出土遗物极少，总计发现陶片6块，瓷片1块。其中陶片均无法辨认器形，陶片均为灰陶，主要为瓦片。瓷片为青花瓷，器形不明。

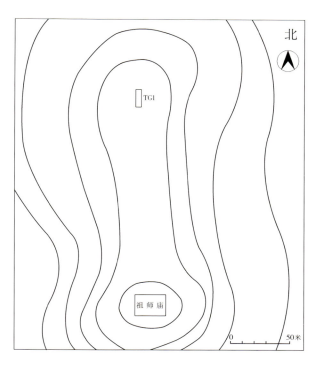

古寨山探沟分布示意图

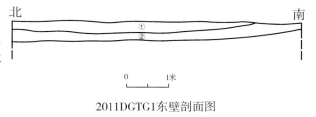

2011DGTG1东壁剖面图

出土遗物残片

六、结　语

　　湖北长城调查考古试掘工作，有针对性的选点进行了试掘，各个试掘的区域也与各点紧密相连，具有一定的科学性，在一定程度上基本涵盖了湖北长城所有区域。上述五处文物点，在此之前，相关文物部门均已做过考古调查工作，尤其是关垭遗址和古寨山遗址，同时也是湖北省重点文物保护单位。尽管只是考古试掘，但是为了宏观上弄清楚各文物点的内涵，我们还对各点周边进行了相关的调查工作。以便从整体上作一个了解。

　　在正试发掘之前，我们均对各点周边的地理环境进行了摸底调查，以期宏观全面的了解各点的状况。在关垭遗址，调查中发现在其两侧的山顶上，分别发现有擂鼓台（寨）与山堡寨，此二寨与关垭当为一个整体，作为瞭望台形式出现，是关垭的配套结构设施。在擂鼓台与山堡寨中，也只是发现了明清时期等较晚的青灰砖与布瓦片等。同时在关垭遗址上也调查采集到一批遗物，时代也比较晚，大多可定在明清时期。

　　皇城遗址的地面没有发现遗物，但当地村干部回忆说，原来的土垣比现在要宽得多，有近3米宽，高1～2米，垣上还有瞭望孔，惜今已无存。今试掘地点，当地村民传为“土城”，同时，在调查中了解到，皇城、土城、方城此三个地名均存在，且相距不远，基本成品字形布局。铜锣寨则发现有近现代的古庙遗存，发现5座石造像及陶质建筑构件，造像均已残失头部。古寨山现存有数块清代功德碑。值得一提的是在白山寨，调查中发现一件青铜戈与一件青铜镜，镜的时代相对较晚，约为宋镜。值得关注的是青铜戈，据持有者介绍，早在上个世纪七十年代就已发现，且为当地捡拾而得。此戈明显为早期遗物。具有东周时代特征，与丹江口水库区域楚墓发掘出土的青铜戈极为相似。

　　各地点的地层关系都非常简单，堆积非常薄，地层中出土遗物极少，遗迹现象基本不存在。各点试掘均有遗物出土，总体上出土遗物并不丰富，但以关垭遗址相对较多。出土遗物以瓷片、釉陶片、瓦片为主，部分遗物尚可辨器形，时代特征与地面调查基本一致。

　　因为地层堆积薄，有的地层无遗物出土，对于根据遗物判别遗址的相对年代与绝对年代关系带来一定的困难。从调查与出土遗物来看，基本上可以认为这些文物点的年代在明清时期。但是，作为一种特殊的遗存，尤其是这些修建在高山峻岭的山寨及关堡，一般情况下，并不是人类日常聚集并长时间生活的地域，是难以留下较为丰富的遗物与遗迹的。人类居住的河谷盆地等地势低洼地带，这些地带往往因时间推移，遗址较为容易的形成不同时期的堆积。这些山寨与关堡地势均非常高，也并非如一般意义上的遗址，难以有效的形成这一种堆积状态。

　　关垭处在鄂陕交界处的天然分水岭上，两侧即为自古以来的不同行政区域。从相关文献记载及初步的调查看，关垭可能为一通关要道，与北侧的擂鼓台和南部的山堡寨构成一个统一的整体，可能为一关隘。至于这一关隘，是一个独立的个体，还是某一整体的组成部分，尚需要进一步的工作与考证。皇城遗址则发现了“皇城”、“土城”、“方城”三个地名。皇城与土城在当地均为口头传说，据传“皇城”为唐庐陵王李显被贬到房县时，曾在此留宿而得名，“土城”则为汉末蜀国大将刘封曾在些驻军而得名。至于方城，历史文献中更是有“庸方城”与“楚方城”之记载，在明清时期的地方县志文献中，此地有“方城山”与“方城寨”的记录。而唐李泰在〈括地志〉中更是表明，楚方城在竹山县东南方，也即是此次发掘的所在地。但是试掘中并未发现早期的实物，楚长城无法得到考古实物的支撑。但是从周边环境的调查中可以推测，“皇城”、“土城”与“方城”

三者构成一品字布局，正好扼守东（房县，或者更东的襄阳、鄂东方向）西（竹山、竹溪、安康及陕南的汉水上游的汉中盆地）通道。皇城遗址所在地的周边也更是没有如关垭所在分水岭那样众多的山寨。那么，皇城遗址所在地也有可能为一关隘。

  总之，目前只是限于考古试掘工作，加之所发掘地点均处于高山之地，文化堆积本就不丰富，是人烟较少的区域，早期人口可想而知，那么早期的遗物则更少。作为"城"这一建筑物本身，欲要保存丰富的堆积与遗物，在独特的地理环境下，并非易事。至于这些地点与楚长城的关系，尚需要做进一步的工作。

  附记：此次早期长城资源考古试掘工作是在湖北省长城资源领导小组办公室的统一部署，湖北省文化厅古建筑保护中心的安排下进行的，由十堰市博物馆组织考古力量具体实施田野考古试掘工作。考古试掘得到了湖北省文物局、十堰市文物局、竹溪县文化体育局、竹山县文化体育局、丹江口市文物局、郧西县文化体育局，竹溪县文化馆、竹山县博物馆、丹江口市博物馆、郧西县博物馆以及竹溪县蒋家堰镇政府、蒋家堰镇文化站、关垭子村委会；竹山县文峰乡政府、皇城村委会；丹江口市习家店镇政府、大沟林业管理区曹家店村委会；郧西县湖北口乡政府、湖北口乡文化站、虎头岩村委会等部门与单位的大力支持。这里特别表示衷心的感谢！

  此次田野考古试掘工作的领队为湖北省文物考古研究所研究员黄凤春，参加田野试掘工作的有十堰市博物馆刘志军、胡春雨、李菲、程小锋，郧西县文体局陈明慧，郧西县博物馆屈盛明，湖北口回族自治乡文化站王步贵,丹江口市博物馆杨学安等。资料整理刘志军（文字）、胡春雨（摄影、绘图）完成。

2011/5/29

湖北竹溪黄石头汉墓发掘报告

十堰市博物馆

2011 年 5 月，为配合湖北早期长城资源考古试掘，十堰市博物馆在竹溪县蒋家堰镇黄石头村发现一座残损的汉代砖室墓。为了在湖北早期长城周边寻找早期考古证据，经省长城办报省文物局同意，委托湖北省考古研究所研究员黄凤春为领队，率十堰市博物馆工作人员于 2011 年 5 月底，对此汉代砖室残墓进行抢救性清理，并同时对残墓所在地周边进行了勘探，以了解该墓地的墓葬分布状况。

黄石头墓地位于竹溪县蒋家堰镇黄石头村一组，墓地的地势较陡，整体呈南高北低坡状分布，墓地四周的山腰地带，多被开垦成为梯田，有较多民房。通过勘探还发现另外一座砖室墓，从砖规格看，亦为汉代。其中残墓编号为 M1，勘探发现的砖室墓为 M2。

M1 位于墓地的中部，M1 的前端为陡坎，后端及两侧均为农田，M1 上部地表现种有土豆与玉米，其南部约 15 米为 M2。本次发掘仅对 M1 进行了考古发掘，M2 未发掘。发掘情况简报如下。

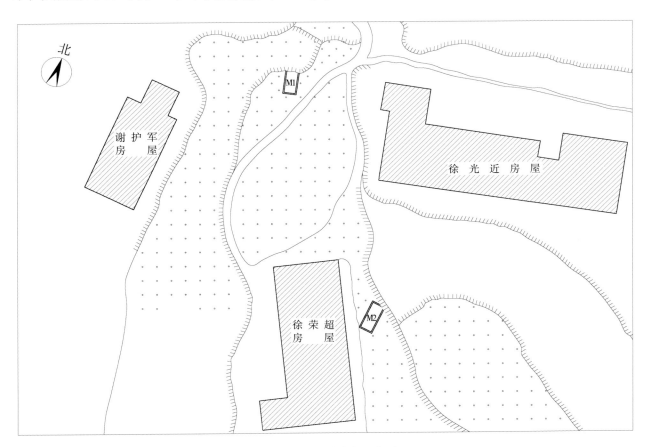

黄石头墓地墓葬分布示意图

一、墓葬形制

　　M1 为砖室券顶墓，墓室的前部分与顶部已被破坏，其整体仅墓室后端的下部保存较好，墓室平面呈长方形，墓室的土圹残长 330 厘米，宽 180 厘米，深 190 厘米；墓室残长 320 厘米，内宽 136 厘米，残深 160 厘米。墓室墙壁用长方形青砖错缝纵砌，砖长 34 厘米、宽 16 厘米，厚 5 厘米，砖侧饰有菱形纹。

　　墓室墙壁共纵砌 20 层起券，券顶用楔形砖侧竖砌筑而成，砖长 34 厘米，宽 14.5 厘米，一侧厚 4 厘米，一侧厚 6 厘米，砖下侧饰有菱形纹。

　　墓室的底部有铺有铺地砖，为平砖平铺，砖长 34 厘米，宽 16 厘米，厚 5 厘米。墓的封门与上部券顶已破坏无存。

　　M1 墓圹内填土为灰褐色，土质较硬，板结，上部明显经过了人为扰乱，土中夹杂有较多的碎砖块、碎石、现代垃圾等，墓室下部填土的土质较纯，应该为原始堆积。下部填土土质较硬，稍结，包含物较少。

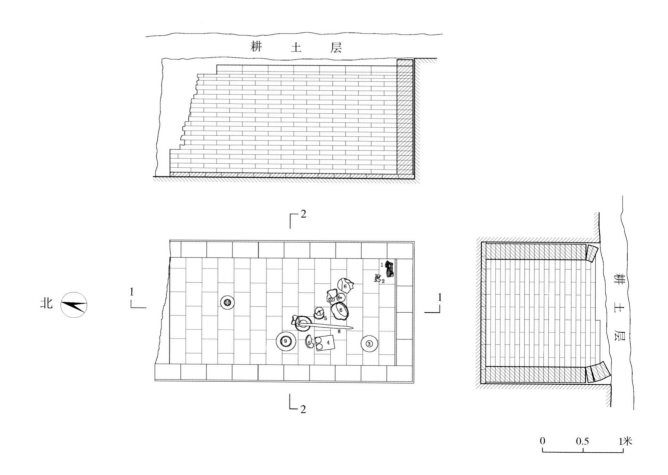

M1平剖面图

M1发掘前

M1发掘中

M1发掘后

二、出土遗物

M1 共出土有 10 件套文物，分述如下：

M1：1 铜钱，共出土一串，锈蚀，器表呈铜绿色，整体黏合在一起。圆形方孔直径3厘米。

M1：2 铜钱，为布币，稍残。共出土3枚，黏合在一起。平首平肩平足，腰身略收。首部穿一孔，用以绳系。长5.5厘米，宽2.5厘米。

M1出土铜钱

M1出土的"大布黄千"布币

M1：3陶罐，残。器盖直径8厘米，口径8厘米，腹径18厘米。

M1出土陶罐

M1：4陶灶，残，灶身长22厘米，宽18厘米。釜和甑口径为8厘米。

M1：5陶罐，残。

M1：6陶罐，残。

M1：7铜镡，完整。长6厘米，宽4厘米，锈蚀，器表呈铜绿色。

M1：8铁剑，残长70厘米，宽4厘米，厚1厘米。器身锈蚀严重。

M1：9陶罐，残。口径12厘米，腹径22厘米。

M1：10陶罐，残。口径12厘米，腹径22厘米。

M1出土陶灶

M1出土陶器与铜镡

M1出土铁剑

M1墓砖纹饰

三、结　语

　　黄石头 M1 除后端的墓室外，其前部分与上部的券顶被破坏无存，具体有无甬道、墓道与封门形制已无法得知，其结构形制不明。墓室内的陶器保存情况较差，可能与人为扰动与破坏有关。M1 从墓室的结构、形制、墓砖纹饰及出土物分析，当属东汉时期的砖室墓，在墓葬的形制和建造方法上，均与本地区所发现的东汉砖室墓相同。在 M1 所出土的遗物中，所出土的布币为"大布黄千"币，是王莽始建国二年实行第三次货币改制时所铸十布之最大者，为鄂西北地区首次发现与出土，这在鄂西北地区是极为罕见的。

　　虽然黄石头墓地此次仅发掘 M1，但是出土的随葬品较为丰富，而该墓葬距长城关垭墙体直线距离不足 2 公里，由此推断，湖北早期长城周边虽然人烟稀少，但通过黄石头墓地 M1 发掘出土的文物看，这对于研究鄂西北地区的历史，特别是研究两竹地区的汉代埋葬习俗和历史文化特征，具有相当重要的研究价值。

　　附：此次竹溪县蒋家堰镇黄石头墓地汉墓的清理工作，得到了湖北省长城资源领导小组办公室、湖北省文化厅古建筑保护中心，十堰市文物局、竹溪县文化体育局，竹溪县文管所、蒋家堰镇政府、蒋家堰镇文化站及黄石头村委会的大力支持。参加发掘工作的有黄旭初、李菲、程小锋等。

湖北省长城相关文献目录

古籍类

[1] 春秋·左丘明:《左传·文公十六年》:"庸人帅群蛮以叛楚……楚人谋徙于阪高……使庐戢黎侵庸,及庸方城……遂灭庸。"

[2] 东汉·班固:《汉书·地理志》:"叶,楚叶公邑。有长城,号曰方城。"

[3] 北魏·郦道元:《水经注·汝水注》:"楚盛周衰,控霸南土,欲争强中国,多筑列城于北方,以逼华夏,故号此城为万城,或作方城。"

[4] 唐·张守节:《史记·正义》引《括地志》:"方城,房州竹山县东南四十一里。其山顶上平,四面险峻,山南有城,长十余里,名为方城,即此山也。"

[5] 唐·李吉甫:《元和郡县图志》:"方城山,在县(竹山县)东南三十里,顶上平坦,四面险固,山南有城,周十余里。"

[6] 唐·杜佑:《通典·州郡七·均州》:"武当,汉旧县,有古塞城在县北,战国时楚筑以备秦,所据之山高峻险峭,今名大塞山。又有武当山。"

[7] 《宋本方舆胜览》:"方城山,又名庸城山,在竹山县东三十里,山上平坦四面险固,山南有城周十里。"

[8] 明·嘉靖:《湖广通志·郧阳府·山川·郧县》:"古塞山,在县东南八十里,战国时楚城此,以备秦,今名大塞山。"

[9] 明·徐学谟:《郧阳府志·沿革》:"郧阳领县七。郧、房、竹山、竹溪、保康,即古麇、庸二国地。上津即古商国地,而郧西割于郧、津,为麇、商之地。在禹贡,为梁州之域。……春秋时始于楚也。战国时属韩,房、庸属楚。……战国属秦,以封卫鞅。及有天下,分为下为四十郡,以属南阳郡,房陵、上庸属汉中郡。"

[10] 明·裴应章、彭遵古:《郧台志·舆地志卷二·寨堡》:"县西南八十里,战国时楚于城此避秦,今名大塞山。"

[11] 清·《旬阳县志·建置》:"兴平寨在县南四十里,高处极平,可容千人,上有水泉,昔人避寇于此。愈兴寨在县南一百里,一名愉忻寨,嘉庆年间教匪扰境,寨民擒首逆陈潮官于此。"

[12] 清·《房县志》:"秦王寨,秦大将白起屯兵于此。"

[13] 清·《湖广通志·郧阳府》:
《古迹·竹溪》:"土城二处,上土城在县治西五十里,下土城在县治五里,世传前人行兵屯此,城垣遗址尚存。"
《古迹·竹山》:"秦王城在县南,在县南一里,唐景龙中掘得石刻云白起伐楚于此。";"城子坪在今县西一百二十里,城址尚存。"
《古迹·郧西》又记载:"朱家寨,在县西南五里,高山顶上,有路可通,城墉基址砖石犹存,雨过，每诣之，即得钱甲铁片数败器之属，未知起于何时。"

《建置·关隘》记载"关在县西六十里，秦楚分界，高峰壁立，中开一径，为达陕西平利县要路。又西六十里为白土关，距县一百二十里。明成化间，迁县河镇巡司守之。"

[14] 清·《郧西县志·舆地志卷三·关寨》："古者筑关寨，设险以防隘也，舆图以之固，疆域以之分，尤为边隅所最要者。秦建百二之雄，汉列三千之众，则关若寨，皆以御侮也。"

[15] 清·同治：《竹溪县志·兵事》："竹溪处荆襄上游，为川陕门户，连岗接献，匪徒最易窜伏。……距省城遥远，道路梗塞，文报不通。"

[16] 民国·《湖北通志·郧阳·武备志》："嘉庆元年丙辰春二月，白莲教匪围房县，陷保康、竹山，府城大震，知府王正常请兵陕西，急发印札数十道，谕各属纠集乡勇据要隘，断房保竹山贼钩联之路"。

近现当代专著

[1] 郭沫若：《中国史稿》，人民出版社，1976 年。
[2] 张维华：《中国长城建置考》，中华书局，1979 年。
[3] 罗哲文：《长城》，北京出版社，1982 年。
[4] 国家文物局：《中国文物地图集·湖北分册》，西安地图出版社，2003 年。
[5] 潘颜文、龚德亮：《十堰文物志》，长江出版社，2007 年。
[6] 十堰市各地地名志：
　　（1）十堰市地名领导小组：《湖北省十堰市地名志》，内部资料，1982 年。
　　（2）竹溪县地名领导小组：《湖北省竹溪县地名志》，内部资料，1980 年。
　　（3）竹山县地名领导小组：《湖北省竹山县地名志》，内部资料，1983 年。
　　（4）房县地名领导小组：《湖北省房县地名志》，内部资料，1984 年。
　　（5）郧西县地名委员会：《湖北省郧西县地名志》，内部资料，1983 年。
　　（6）郧县地名领导小组：《湖北省郧县地名志》，内部资料，1983 年。
　　（7）均县地名领导小组：《湖北省均县地名志》，内部资料，1982 年。
[7] 潘彦文：《郧阳旧志辑录》，长江出版社，2009 年。
[8] （明）彭遵古等撰，潘彦文校注：《郧台志》，长江出版社，2006 年。

学术论文类

[1] 王贵超、刘国胜：《寻找"楚长城"》，《地图》，2003 年 4 期。
[2] 肖华锟、艾廷和：《楚长城的建筑时间和形式》，《江汉考古》，2003 年 4 期。

规范和标准类

[1] 国家文物局、国家测绘局：《长城资源调查工作手册》，2007 年 4 月。
[2] 国家文物局：《长城资源调查资料档案工作规范（试行）》，2011 年 2 月。
[3] 国家文物局：《长城资源调查报告编写体例（试行）》，2011 年 2 月。

关于"楚长城"的调研与思考

王玉德

摘要：在湖北境内有没有楚长城？学术界一直没有定论。本文的作者经过实地踏勘，又核实历史文献，提出在今鄂陕豫边界确实有长城，它是一处以春秋战国时期的长城为基础的长城，其中有些地段是秦人修建的，还有后世改建增建的情况，自成特色。建议称之为秦楚长城或鄂陕边界长城，并加以保护。

关键词：长城　楚国　鄂陕边界

何谓长城？长城是古代利用山川险要之地修筑的长距离的防御性的屏障，它往往由城垣、烽火台、关隘、城门、石寨等要素构成。长城由早期城、堡发展而来，其修筑的历史可以上溯到公元前9世纪的西周时期。周王朝为了防御北方游牧民族猃狁的袭击，曾经筑有连续排列的城堡以作防御。战国时期有魏国的西河长城、赵国的漳水长城、中山国的西部长城、燕国的易水长城、齐国的泰山长城。现在北方万里长城的基础主要是先秦的燕、赵、秦的长城。到秦朝时，蒙恬连接长城，以防塞外的"胡人"。西汉在居延到敦煌修筑了河西长城，汉武帝在蒙古高原增修了长城。

关于楚长城，一直是我国长城研究史中悬而未决的问题。但是，在人们的头脑中一直有楚长城这一概念。中国长城学会常务副会长董耀会撰文指出："长城在中国历史上是作为军事斗争的产物和永久性防御工程而存在的。长城是由绵延伸展的一道或多道城墙、一重或多重关堡以及沿长城密布的烽燧、道路、各种附属设施，巧妙结合、纵深梯次相贯的巨型防御体系。"该文又说："最早修筑长城的是楚国和齐国，修筑的时间约在公元前7世纪前后。"[1]楚长城比秦始皇统一中国后修筑的北长城要早300多年。

民间人士对楚长城坚信不疑，如湖北西北的竹溪县人民政府在鄂陕两省交界的关垭立有石碑，碑文称：楚国在四百余年间修建了三千多里楚长城，宜石则垒，宜土则筑，宜水则堤，要塞必修城堡。关垭即竹溪周边六处楚长城遗址之一。关垭古分楚秦，楚水东流而有竹溪，秦水西流而有平利。

近年，根据国务院批准的《长城资源调查工作总体方案》和国家文物局关于中国长城调查工作的统一部署和要求，湖北省文化厅古建筑保护中心、武汉大学考古学系、华中师范大学历史文化学院组成了湖北省长城资源调查小组，对传说已久的楚长城进行了联合调查。

我们发现在鄂西北竹溪、竹山、郧西、郧县、丹江口与陕西省平利、旬阳、白河县、河南省的淅川等地交界之外，确有一段数百公里的障隔或防御体系。[2]它由断断续续的石墙或土墙、众多的山寨、天然的山体构成。大山如巨大的墙垣，山脉波浪起伏的间歇处是人们通行的地方。山

---

[1] 董耀会：《万里长城长》，《光明日报》2010年1月8日。

[2] 其实，早在1989年出版的中国地图册上，已经明确标出了这段长城。在2001年，由湖北省博物馆与十堰市组成的调查队也认定了这段长城。在2008年全国的长城遗产调查中，专家们再次认定了这段长城。

顶上往往是人们躲藏与守卫之地。

鄂西北的长城，最为典型的是竹溪、竹山县50多公里的长城遗址。这里有连绵而高大的山体，沟壑纵横，其中还有一些古寨、断续的墙垣，构成了秦楚之间的长城。这些地名由西向东有：梓桐垭、七里寨、松树尖、秋沟垭、柳树垭、祖师尖、山堡寨、关垭、擂鼓台、王家沟、东岱鼎、铁桶寨、三里沟、铁匠沟、大营盘、泗王庙、鹰嘴寨、天宝寨、五凤寨、梭子沟、铁炉沟、浬泗沟、鲍家河、二虎寨等。例如：铜钱关在竹山县城以西200里，关外是秦地。铜钱关的山势险要，右边有一高山耸立，俗称西天门。同治元年（1862年），地方官五品顶戴陈杰祥组织人力修复城隘。同治三年（1864年），陈杰祥立碑为记。碑上说铜钱关曾经发现过春秋战国时期的数万枚铜钱，故名铜钱关。这说明，清末官员认定这一带是秦楚交流的要地。

从建筑规模而言，郧西县湖北口回族乡虎头岩村七组东的白山寨长城是楚长城中最精华的一段。这一段长城在海拔954米高山顶上的山垭之间修建，长达200米左右，均是巨大的石块，估计每块巨石几吨重。墙体的气势宏伟，绝不是一般寨子的围墙。我们亲临现场，十分惊讶，无法想象在大山深处还有这样一段奇迹。如果这段长城不是国家行为，地方官是不可能有此奇想与奇举。白山寨长城的时间久远，在民俗与历史文献中已经失去记忆，应当不是明清时期所修。我们认为这段长城并没有完工，是个宏伟的半拉子工程，必然与历史的突变事件有关。

现在，摆在我们面前最重要的事情是：鄂西北这段传说中的楚长城是何时所建？谁人所修？有何特点？在历史长河中有何变化？如何给它合适的名称？以下是笔者在参加长城调查之后的思考，以请教于专家。

一、楚长城是明清时期修建的吗

鄂西北到底有没有楚长城？如果有楚长城，楚长城是怎样的一个状况？ 2001年，湖北省曾经组织有关专家进行了实地考察，其中有湖北省考古所的刘国胜、傅国平、十堰市博物馆的龚德亮等专家，考察得出的基本结论是鄂西北没有楚长城。在龚德高等主编的《十堰文物志》分别介绍了竹山与竹溪的长城，把这两县的长城都确定为明清时期的城垣。[1]我们在访谈中，得知有的学者认为鄂陕边界这段长城是清王朝修的。[2]

经过调研，我们对以上观点持怀疑态度。理由是：

1. 明清代官方文献缺乏证据

众所周知，明清时代的地方官员凡有大小事情都要写奏折给朝廷，这么一件需要耗费巨大人才与财力，需要长时间才能做完的大事，地方官员怎么可能不报告？从《明史》、《明实录》、《明经世文编》、《清史稿》、《清实录》、《清经世文编》等明清文献可见，地方官员对大小事情都要上报朝廷？官方文献怎么可能不记载？

2. 明清时代的国策中没有证据

明代确实重视修筑长城，但其主要精力是对付塞外的游牧民族和沿海的倭患。如果明代修了

---

〔1〕 此书介绍了竹山的城墙：得胜镇、大庙乡、竹坪乡一带，东西走向，东起界岭垭、向西经李泗沟、铁炉沟、梭子沟到铜钱关，境内全长75公里，断断续续有石墙。墙体基宽一米左右。此书又介绍了竹溪的城墙：在龙坝乡、中峰镇、蒋家堰镇、鄂坪乡，位于鄂陕交界的山梁上。呈现南北走向，全长约65公里。参见潘颜文、龚德高主编《十堰文物志》，长江出版社2007年，第222页。

〔2〕 在2001年的长城调查中，有些专家持这种观点。

这段长城，史书应当有记载。

清代的皇帝们向来不赞同修建长城。康熙皇帝曾经认为北方的长城根本就抵挡不住外来的侵略，他主张清朝要修建"心中的长城"，而不是砖石的长城。[1]明清两朝都是大一统的天下，怎么可能在大山区修建这么庞大而复杂的工程？我们不能相信明清的地方官员会耗费巨大的力量单独在鄂西北修长城。

3. 田野调查中缺乏证据

我们在田野调查中见到的楚长城，石块风化严重，如十堰牛头山上的城垣就是一例：石块呈灰白色，有的石块可以见到马蜂状，甚至可能用指甲抠出粉子。

我们在调查中得知，当地民众多是明清时期从外地迁到鄂西北的，荆襄流民的后代居多。他们家谱上记载的原籍多是鄂东、湘西等地。他们声称，当他们祖辈来到这里时，这里就有了长城的存在，几百年来一直把长城称为楚长城。如果鄂西北的长城是明清时代修筑的，那么，当地民众应当有很清楚的记忆，不应当把长城追溯到遥远的上古。

4. 历史文献记载明代嘉靖之前就有城垣

明嘉靖《湖广通志·郧阳府》卷九《古迹·竹溪》记载："土城二处，上土城在县治西五十里，下土城在县治五里，世传前人行兵屯此，城垣遗址尚存。"[2]同书的《古迹·郧西》又记载："朱家寨，在县西南五里，高山顶上，有路可通，城墉基址砖石犹存，雨过，每诣之，即得钱甲铁片数败器之属，未知起于何时。"这些史料说明：明嘉靖之前，在郧阳已经有用于防守的城垣。

在本文的第四部分，我们还会列举大量的有关先秦时期修长城的材料加以说明。

因此，不能简单认定鄂陕边界长城是明清王朝所修。

二、楚长城是清代地方官对付白莲教的产物吗

调查中，有的学者认为，鄂陕边界长城是清代地方官对付白莲教的产物。针对这个观点，我们曾经认为：白莲教起义是突发性的农民起义，长城的修建需要很长时间和巨大的投入，清代地方官怎么可能用长城这种工事对付突然发生的白莲教？须知，白莲教果真起事，必然是防不胜防，任何一段长城都不可能阻挡住他们。

但是，为了慎重起见，我们就"鄂陕边界长城是清代地方官对付白莲教的产物"这个问题进行了专门调研。我们也注意到这么一个事实，中华民族历史上有修坞堡或寨子用以自保的传统。特别是当一个族群从甲地迁到乙地，都需要利用地势修建防守的实体空间，用于危机时自保。从鄂西北到鄂东的山区，有许多石头寨子。这些寨子是平时修建，如黄陂大余湾后山上的三处石头寨子，平时不住人，如有战争或流动的骚扰势力来到此地，当地的百姓就躲藏到山顶的寨子上。在鄂西北也有许多这样的寨子，寨墙类似于长城的城垣。有的寨子已经形成为长城的一部分。有些寨子互为犄角，形成合力。

我们专门查阅了地方志，注意到：清代鄂西北的地方官员或豪强为了防范白莲教起义或其他的农民起义，确实热衷于修石头寨子，在一些山脊上修长条形城垣，方志中不乏记载。清同治五

---

[1] 电影《康熙大帝》有这样的镜头：康熙巡游长城时发表了慷慨激昂的感叹，鄙视农耕民族修建的长城。

[2] 明嘉靖《湖广通志·郧阳府·古迹》，载潘彦文主编《郧阳府志辑录》，长江出版社2009年，第26页。

年（1866）《郧西县志·舆地志卷三·关寨》中提到："古者筑关寨，设险以防隘也，舆图以之固，疆域以之分，尤为边隅所最要者。秦建百二之雄，汉列三千之众，则关若寨，皆以御侮也。"

以同治《竹溪县志》为例，其中有寨子的记载。[1]与平原地区的县志相比，这部志书有个明显的特点，重视关隘与寨堡。其《凡例》说："邑毗连川陕，山径丛杂，每为流匪出入门户，边防所关尤重，今详著于篇，俾后人一览而得其扼要。"《凡例》又说："邑旧称二十四寨，自教匪倡乱，乡民结寨保聚，亦不可略也。"寨子主要在山上，如独山、香山、中峰山都有寨子。在卷三的《寨堡》列有漫液寨、黄龙寨、阎家寨、峰香寨、牛头寨等几十个寨子。

之所以有筑城修寨之风，是因为群山之间有许多需要防范的关隘。清嘉庆《湖北通志·郧阳府》卷十四《建置·关隘》记载鄂西北有许多关隘，如均州有"石鼓关，在州东五十里。""小江口关，在州东南八十里，接光化县界，路出河南。槐树渡关在州北五时，通陕西。"[2]清嘉庆《湖北通志·郧阳府》卷十四《建置·关隘》记载"关在县西六十里，秦楚分界，高峰壁立，中开一径，为达陕西平利县要路。又西六十里为白土关，距县一百二十里。明成化间，迁县河镇巡司守之。"[3]《竹溪县志》卷八《兵事》记载："竹溪处荆襄上游，为川陕门户，连岗接献，匪徒最易窜伏。……距省城遥远，道路梗塞，文报不通。"

我们在陕西省的清代方志中也发现一些材料，如：清代邓梦琴纂修的乾隆《旬阳县志》卷四《建置》记载："兴平寨在县南四十里，高处极平，可容千人，上有水泉，昔人避寇于此。愈兴寨在县南一百里，一名愉忻寨，嘉庆年间教匪扰境，寨民擒首逆陈潮官于此。"

从《旬阳县志》卷四《建置》大致可知，在旬阳县的南边到西边，修了一长串城垣，有的"一路连山叠巘，扼湖陕之要隘，可以御贼"。这些城垣利用了天然的地形，"顶平坦，四面陡壁如城"。其中有一些可容千人的较大寨子，如兴平寨。寨子修建的时间不一，县南一百里的红崖寨，相传是郭继宗御红巾处，其时间就早在元末了。大多数寨子是在清代修的，如嘉庆、咸丰年间，这些寨子直到同治年间还发挥过作用。

在我们的实地考察中，仍然可以看到鄂西北不少寨子的遗址。如得胜寨，现属于竹山得胜镇的范围，从大庙乡可以攀登上去。湖北南漳县是山区，在第三次全国文物普查中，发现3000余座古山寨，这些石头城堡隐藏在群山山巅，森林遮掩。[4]

根据方志与田野调查，我们得出的结论是：鄂陕之间山脊上现存的一些城垣或寨子，有些应当是清代留下来的遗址。当时修建城垣或寨子的目的是为了对付突发的农民起义或流民起义或外来的骚扰势力，达到自保。

尽管如此，我们是否就可以简单地认为鄂西北这段长城是清代对付白莲教的产物呢？不能。须知，历史总是不断演进的，历史遗存总是层累堆积的。长城亦如此，我们绝不能因为长城有清代的部分堆积，就完全否定清代以前的历史遗存。

---

〔1〕 清代同治六年（1867年）陶寿嵩、杨兆熊修纂，《竹溪县志》十六卷刻本。
〔2〕 载潘彦文主编《郧阳旧志辑录》，长江出版社2009年，第65页。
〔3〕 载潘彦文主编《郧阳旧志辑录》，长江出版社2009年，第67页。
〔4〕 叶植、陈飞：《山地建筑奇观——南漳古山寨群》，《中国文化遗产》2008年第4期。

三、楚长城修筑的时间应当向上古追溯

基于以上两方面论述，我们认为，鄂陕边界的这段楚长城不可能毕其功于一役。其始修时间，在目前的情况下还难以用一个明确的朝代时间加以认定。但是，我们可以采用排除分析方法，探索楚长城形成的最早时间。

众所周知，从秦代到清代，我国各地区之间普遍实行的是中央集权的郡县制。天下一家，各郡县之间有必要修建巨大的长城隔障吗？没有。秦代、汉代、三国、南北朝、唐代、宋代、元代、明代、清代都不可能动用很大的力量在深山之中修筑这样的大型长城，何况也没有这样的记载！

即使在中国历史上的分裂时期，在鄂陕边界两边也没有出现过敌对的两个国家，也不必修筑长城。

须知，中央王朝的财力经常是捉襟见肘，绝不允许耗尽民力修建这样的大型工程，各地的地方官员也不会自讨苦吃修建如此巨大的工程。

当然，各地区之间会设一些关隘或卡哨，用于对人口流动的管理、税收的管理、盐与木材等物资的管理，但不会修建类似于白山寨这样的大型城墙。

排除掉从秦代到清代这些时间段，那就只能是先秦诸侯国时期修筑的长城！任何一个劳民伤财的巨大工程，总要有其动因，都需要充分论证才可能实施。如果找不到原因，就不能说明结果。唯有先秦的春秋战国时期，诸侯国之间有修筑长城的必要性与可能性，也有这样的实例。

战国时期，普天之下都是诸侯国。周天子形同虚设，各国不断发生战争，相互都担心其他国家的进攻，也都想吞并其他国家。在这种情况下，各国有必要利用天堑修建长城，御敌于国门之外。正因为如此，秦国、齐国都修有长城，顾炎武在《日知录》卷三十一《长城》说：

至于战国，井田始废，而车变为骑，于是寇钞易而防守难，不得已而有长城之筑。《史记·苏代传》："燕王曰：'齐有长城巨防，足以为塞。'"《竹书纪年》："梁惠成王二十年，齐闵王筑防，以为长城。"《续汉志》："济北国卢有长城至东海。"《泰山记》："泰山西有长城，缘河经泰山，一千余里，至琅琊台入海。"此齐之长城也。《史记·秦本纪》："魏筑长城，自郑滨洛以北，有上郡。"《苏秦传》，说魏襄王曰："西有长城之界。"《竹书纪年》："惠成王十二年，龙贾帅师筑长城于西边。"此魏之长城也。《续汉志》：河南郡"卷有长城，经阳武到密。"此韩之长城也。《水经注》：盛弘之云："叶东界有故城始蘩县，东至瀙水，达沘阳，南北数百里，号为方城，一谓之长城。"《郡国志》曰："叶县有长城，曰方城。"此楚之长城也。若《赵世家》："成侯六年，中山筑长城"，又言"肃侯十七年，筑长城"，则赵与中山亦有长城矣。以此言之，中国多有长城，不但北边也。

由此可见，顾炎武认为春秋战国时期有修筑长城之风气，认定确有楚长城之存在。遗憾的是，顾炎武对楚长城的分布没有详细叙述。

我们认为，先秦时期的两大强国——秦与楚之间是完全有可能修建墙垣用于防守的。这段长城长达数百公里，工程巨大，如白山寨长城，只有作为国家工程才可能完成。换言之，单凭一个县或一股地方势力是难以完成这段长城的，而任何一个地方官员也没有必要进行这样大型的工程。只有在春秋战国时期的诸侯国之间，才有这样的实力完成长城。

正因为楚长城是春秋战国时期修建的长城，所以，长城石墙边的败叶残渣很多，日月积累形成新土层，深达十多厘米以上。正因为是春秋战国时期修建的长城，由于上古用于记录的载体有限，所以缺乏文献记载。正因为是春秋战国时期修建的长城，所以，当明清流民进入这一大片荒山野

林时，春秋战国时期的居民早已搬迁，文化形成断层。流民对长城只有猜测，没有直接的口耳相传的一手资料。历史记忆是中断的。

四、楚长城的基础是谁修的

鄂陕边缘地带是人类文化的发源地，考古发现的郧阳猿人就是例证。在这一地区，还有深厚的东周文化积沉。如，在十堰茅箭区胡家村发现三万平方米的东周墓地，出土过铜剑、壶、陶豆等。这些说明上古时这里就有较为丰富的文化。然而，由于一些复杂的原因，鄂西北山区从秦代以降就是人烟稀少，几乎没有什么人居住。因而，文化形成了一个长时间的断层，先民的历史记忆基本丧失。可以这样说，在鄂西山区，目前找不到任何一户人家是从先秦时期就居在此地。于是，鄂陕边界长城的基础是谁修的，就存在争论。目前有以下几种观点：

1. 长城是庸人修的

在竹溪与竹山一带，历史上曾经有一个实力较强的庸国，庸国参加过武王伐纣，一度称强一方，甚至与秦、楚抗衡，后来被楚国灭掉了。史书记载，庸国曾经修过方城，用于防守。如：《左传》文公十六年载："庸人帅群蛮以叛楚。……楚人谋徙于阪高……使庐戢梨侵庸，及庸方城。……遂灭庸"。《史记·礼书》正义引《括地志》曰："方城，房州竹山县东南四十一里。其山顶上平，四面险峻，山南有城，长十余里，名为方城，即此山也。"《元和郡县图志》曰："方城山，在县（竹山县）东南三十里，顶上平坦，四面险固，山南有城，周十余里。"[1]

相关的史料还有：明嘉靖《湖广通志·郧阳府》卷九《竹山》记载："庸城山，在县西五里，庸人昔居于此山上，置鼓，故又名悬鼓山。"[2]明嘉靖《湖广通志·郧阳府》卷九《古迹·竹山·方城山》记载："在县治东三十里，古代县治，遗址尚存。又名庸城山，山上平坦，四周险固，围护如城，故名。《方舆胜览》云：山南有城，周十余里。春秋庸地，楚使庐戢黎侵方城是也。"[3]

竹山县发现过东周时期的墓地，如麻家渡镇刘家湾村发现东周时期的墓，传闻春秋时楚子之上庸，卒葬麻家湾，相传为楚子墓，面积约50平方米，原有封土，现露出五花填土，作为县文物保护单位。史书记载竹山县有"楚子墓，在麻家渡玉皇阁前，上有古柏百余株，相传春秋时楚子之上庸，卒葬此。"[4]

庸国是否有方城？竹山县的民俗中也有传闻。2009年11月，我们在竹山县博物馆李强馆长带领下，专门到达距竹山县东南的30里的长坪作实地调查，当地农民大多知道有关方城的传说，几位农民引领我们一行登山踏勘。一位农民说：这里在古代有一条通道，是从竹山到房县的路，也是鄂陕的重要通道，现在已经废弃。我们登山时，荆棘杂草挡住了道路，农民就在前面用工具开路。当我们到达山顶，确实见到有几百米长条形土城。从土城的风化看，这段土城应当是古代用于防守的城垣工事。山顶还有一处古坟，有石材，但无法判断古坟的时间。这次踏勘，在实地没有找到材料能够证明这里一定就是庸国的方城。不过，从方位与距离来看，我们所到达的山顶，应当就是古书上所说的"庸方城"。我们可以把这座方城理解为鄂陕边界长城的一个组成部分。

---

〔1〕张良皋教授在《巴史别观》（中国建筑工业出版社2006年）对庸国历史地位有很高的评价，认为庸国是与楚、秦势力均敌的强国。
〔2〕明嘉靖《湖广通志·郧阳府·山川》，载潘彦文主编《郧阳府志辑录》，长江出版社2009年，第15页。
〔3〕明嘉靖《湖广通志·郧阳府·古迹》，载潘彦文主编《郧阳旧志辑录》，长江出版社2009年，第26页。
〔4〕明代徐学谟：《郧阳府志》，潘彦文等校注，长江出版社2007年，第242页。

2. 长城是楚人修的

历史上，楚国范围超过现在的湖北省地面，延伸到了今河南南阳一带。楚人在今鄂陕豫交界一带建筑了长城，北魏郦道元在《水经注·汝水注》记载楚人有筑城的传统："楚盛周衰，控霸南土，欲争强中国，多筑列城于北方，以逼华夏，故号此城为万城，或作方城。"[1]文中所说的"列城"是由方城连接的，就是长城。

关于方城，《左传》已有记载，僖公四年云："楚国方城以为城，汉水以为池。"这说的是：公元前656年，齐桓公派兵攻打楚国，楚成王派屈完带兵迎敌。在召陵，两军对垒，齐桓公问屈完："以此众战，谁能御之？以此攻城，何城不克？"屈完则回答："君若以德绥诸侯，谁敢不服？君若以力，楚国方城以为城，汉水以为池，虽众，无所用之。"齐桓公听了屈完的话，只好退兵。公元前624年和公元前557年也有类似事情发生，晋襄公派处父伐楚，晋平公派荀偃伐楚，都因为楚国有"方城"作为防御设施，只好草草收兵。

我们认为，楚长城是一个个石城或石寨通过连接组成的，它包括一系列城寨、隘口、边墙、山体。历代史书记载了许多古老的寨子，并且认为与楚国有关。如唐代杜佑在《通典》卷一百七十七《州郡七·均州》记载："武当，汉旧县，有古塞城在县北，战国时楚筑以备秦，所据之山高峻险峭，今名大塞山。又有武当山。"明代裴应章、彭遵古在万历十八年（1590年）刻版印行的《郧台志》中的《舆地·郧阳府郧县·古塞山》记载："县西南八十里，战国时楚于城此避秦，今名大塞山。"明嘉靖《湖广通志·郧阳府》卷九《山川·郧县》记载："古塞山，在县东南八十里，战国时楚城此，以备秦，今名大塞山。"[2]

这些史书中所说的古塞山楚长城，我们认为有可能就在今十堰牛头山。理由是：此山距明代郧县县城约八十里，方位正是在西南。我们实地考察，发现牛头山的城垣依山而建，以石垒或干打垒夯实而成，十分沧桑。其城墙保存比较完整，城墙宽窄高低不一，有多处烽火台、瞭望台等遗址。牛头山发现的这段垣城，比秦始皇统一中国后修筑的北长城还要早300多年。

我们认为，秦楚之间的边界线很长，山体相依，今鄂西北的长城与河南境内的长城是相连接的。河南境内的方城县、还有南召、内乡、镇平、邓县、淅川、泌阳等县都有类似的楚长城，现在已经得到学术界的认可。那么，湖北境内的这一段长城也应当得到认可。

湖北境内的楚长城是如何与河南的楚长城相连接？调查中，有人认为是从郧县北上河南，有人认为是从均县（今改为丹江口市）北上河南，其实，这两种意见有一致性：郧县东北与丹江口市西北的山体与河南的楚长城相连接。我们注意到：丹江口市习家店庞村五虎寨以北的山区是与河南淅川长城相连接，从习家寨到凉水河，有五个寨子，组成了方城。据《十堰文物志》记载，丹江口市凉水河镇檀山村有古寨山，山顶尚存不规则圆形石城垣，周长544米，基宽1.3米。东南西北四座城门的基址仍然保存。东南为缓坡，西北为绝壁。显然，这个寨子是为了防守西北方位的来敌。[3]

3. 长城是秦人修的

过去，湖北人一直把鄂陕边界的长城称为楚长城。2009年的这次考察发现，有些山体的长城应当是秦长城。理由是：（1）用于防守的城墙主体石块一方是对着楚地的。（2）楚地陡峭，很难

---

〔1〕《水经注》卷21，上海人民出版社1984年，第676页。

〔2〕载潘彦文主编《郧阳旧志辑录》，长江出版社2009年，第14页。

〔3〕潘颜文、龚德高主编《十堰文物志》，长江出版社2007年，第76页。

攀登到城墙上，而秦地一方较为平缓，选择修城墙的山体都是有利于秦国的。因此，我们认为，不能把鄂陕边界的长城统称为楚长城。

我们经常听到有人质疑：古代的秦人怎么会在鄂陕边界修建长城呢？

其实，鄂西北在历史上的归属很复杂，秦人曾经占据于此地。明代徐学谟等撰《郧阳府志》卷三《沿革》记载："郧阳领县七。郧、房、竹山、竹溪、保康，即古麇、庸二国地。上津即古商国地，而郧西割于郧、津，为麇、商之地。在禹贡，为梁州之域。……春秋时始于楚也。战国时属韩，房、庸属楚。……战国属秦，以封卫鞅。及有天下，分为下为四十郡，以属南阳郡，房陵、上庸属汉中郡。"[1]

秦修长城完全有可能。历史上，人们曾经称秦国是虎狼之国。《日知录》记载，秦国在北方边界的多处地方修建了防止其他诸侯国的长城。秦国既然可以在北方修长城防齐国，又为什么不会在南方修长城防楚国呢？何况，（1）楚国曾经非常强大，一度饮马黄河，问鼎中原。（2）东方诸国一度连横，都想依赖楚国牵头灭秦。（3）秦国南边抗楚，北边抗齐，必须利用天然的地势。（4）我们在民间调查中，经常听到老乡说秦始皇"北修长城，南修五岭"，这是说秦人有修城墙的历史与传统。

明嘉靖《湖广通志·郧阳府》卷九《古迹·竹山》记载："秦城，在县南三十里，昔人筑塘掘地，得石，云秦白起伐楚□兵于此。"[2]这说明，秦楚在此有交叉与摩擦。清嘉庆《湖北通志·郧阳府·竹山》也记载"秦王城在县南，在县南一里，唐景龙中掘得石刻云白起伐楚于此。"又记载"城子坪在今县西一百二十里，城址尚存。"[3]

因此，秦人完全有可能在鄂陕边界地带修建用于防御的长城。

我们认为，鄂陕之间的长城不能简单地说是庸人修、秦人修、楚人修。在不同的时间或不同的地段，他们都修过长城。历史上，湖北的郧阳地区曾经是秦与楚的交界处，也是边缘地带。郧阳曾经属于汉中，因而有秦文化。但是，郧阳地区主要属于湖北，属于楚文化范围。据有关史书记载，历史上十堰市城区古属麇子国，春秋时为锡穴麇国之地。战国时为楚地。由于十堰南依古防渚（房县），北临汉水丹阳，西接古上庸，东连武当均州，历为兵家相争之地。自公元前611年前后楚国灭麇国至前223年楚国灭亡，十堰战事频发，成为秦头楚尾、朝秦暮楚之地，时为秦国所有，时被楚国夺回，使得楚国在十堰筑城设防抵御秦国。因此，我们有理由认为，由于鄂陕之间既有秦长城，也有楚长城，也许还有庸长城，因而可以把鄂陕之间的长城统称为秦楚长城。据我们田野调查，当地民众确有把鄂陕之间的长城称为秦楚长城的情况。

五、对楚长城的基本认识

我们认为，鄂陕之间的这条几百公里的自然与人为合一的屏障可以称为长城。长城文化不是单一的，楚长城正是体现了中华区域文化的多样性与长城风格的多样性。

〔1〕 明代徐学谟：《郧阳府志》，潘彦文等校注，长江出版社2007年，第36页。
〔2〕 载潘彦文主编《郧阳旧志辑录》，长江出版社2009年，第26页。
〔3〕 载潘彦文主编《郧阳旧志辑录》，长江出版社2009年，第90页。

1. 楚长城是长城，但有别于北方长城

先秦时期，由于各地区经济文化发展不平衡，各诸侯国都利用自然障隔作为保护。在秦楚两国之间，确有一条清晰的防御体系。它是利用天然的山势，形成了人工与自然相结合的长城。如果从天上看，不难发现这段长城正好位于湖北与陕西的边界，是非常清楚的一条分界线。这条分界线的基础是起自于秦楚时期。

楚长城为楚国（前223年）抵御入侵之敌而修筑，全长460多公里，其走向是：陕西旬阳向南往平利，向东入湖北竹溪，经竹山向南达房县，转东北到均县（丹江口市），随后进入河南邓县、泌阳，向北至方城县，断断续续，或土筑，或石垒。现在竹溪境内尚存四处遗迹。第一处在蒋家堰镇的"关垭子"，是湖北通往陕西的门户，古为兵家必争之地；第二处在中峰的"柳林垭"；第三处在中峰的"王家沟"；第四处在竹溪、竹山两县交界的"铁铜垭"。

楚长城的建筑风格是依山就势，以高大连绵的山体作为障隔，全长几百公里。这些长城依据于天然形胜，以高山作为屏障。目前在竹溪与竹山所见到的长城，均是在鄂陕两省之间的最高山巅之上。

楚长城有城墙的地方多是位于地势较低、容易攀登的地方。当地人称为山垭，或山沟，如梭子沟、蚂蚁沟。

楚长城有山险墙，也有人工的土墙或石墙。各处石墙的风格大致相同，有的石墙包裹着土墙，土墙可能是原生态的城墙。

楚长城有的是秦人修建的，如铁炉沟一带的长城是秦人防楚的建筑。

楚长城与河南的晰川相连，与河南方城、叶县等地的长城是一个整体，风格上相似。楚长城由西向东，东边是从郧县东北、丹江口市西北的山脉与河南的山脉相连。

我们注意到：由于区位的不同，北方长城与秦楚长城在性质与功能上有所不同。北方长城在先秦时期主要是诸侯国之间的障隔，而到了后世主要是中华农耕区与游牧区之间的障隔。北方的长城主要是中央王朝为了对付游牧民族的入犯。

楚长城与北方的长城在早期具有相近的性质，即在先秦时期主要是诸侯国之间的障隔。到了后世，秦楚两地都在中央王朝统一领导下，之间不存在诸侯国冲突，长城的功能转换为对付流动的人口或者土匪。

2. 楚长城沿线有众多的方城与石寨

楚长城是宽幅的、断断续续的、点状的。在长条状的防御体系之中，有许多寨子，古人称之为方城。汉水两侧的宽幅地域带有大量的寨子，一个个寨子就是一个个方城。

早期的石寨或方城，在春秋战国时期主要用于两大诸侯国之间的防御。到了后世，这些石寨或方城的功能与性质发生了变化，主要是起防护堵截作用。如，民国《湖北通志·郧阳》卷六十三《武备志》记载"嘉庆元年丙辰春二月，白莲教匪围房县，陷保康、竹山，府城大震，知府王正常请兵陕西，急发印札数十道，谕各属纠集乡勇据要隘，断房保竹山贼钩联之路"。[1]

3. 楚长城的原始模样有了很大改变

楚长城与北方的长城有一个很大的不同在于，北方的长城形貌很稳定，而秦楚长城在后世出现了一些新的情况，如：

（1）后世官员增筑了长城的部分实体。历代地方政府为了对流动的人口、货物进行盘查，总

---

〔1〕 载潘彦文主编《郧阳旧志辑录》，长江出版社2009年，第315页。

是利用长城作为关卡，增修长城的通道、城门或城楼。如湖北口、关垭、大庙一带的长城，就是后世官员不断补修的。大庙乡山上（楚地一方）的长城有城墙门，有青石板道路，表明这里曾经是鄂陕之间人们行走的一条通道，还表明这个建筑遗物不是先秦时期的。因为古人在修长城时，不可能在长城两边都修上山通道。显然，这样的通道是后世修的。

我们在考察中，注意到现在由竹山县修到山顶的村级公路，就是历史上的通道。从大庙翻过大山，就是陕西白河县的板桥镇国峰村。我们在白河县城调查时，老乡把翻过这道大山称为翻梁子。在长城上，已经发现清朝嘉庆年间的石碑，记载当时地方乡绅捐献资金修这条通道的情况。此碑已于 2009 年 11 月从山上转送到竹山县城的博物馆中。类似的碑，我们在大庙乡的杨泗庙门前也发现一通，用的石材与刻的字体与送到竹山县城的博物馆的石碑是一样的，其上面记载的也是捐献功德，说明这两通碑大致成于同时。

（2）后世流民增补了石墙。明清时期，乃至新中国时期，有些农民从山脚开始开垦土地，直到山巅的长城上面。明清流民在山顶种田，做过一些土壤改造工作。我们在调查中发现，直到 20 世纪 80 年代，一直有农民在大庙乡的城墙上种田，墙上的土地黑油油的，十分肥沃。我们在城墙上看到的有些城墙石块，有可能是农民防止水土流失而堆砌。

在文化遗产中，常常见到文化叠加覆盖的情况。正如一本古书中的文字，常常有原书作者之外的文字混杂其间，长城的遗存中有后世的文化层覆盖，不足为奇。我们的结论：楚陕之间的长城始于春秋战国时期，但后世有增筑的情况。

六、对楚长城的评价

长城是中华文化遗产的重要组成部分，鄂陕边界介于中国南北文化的交接之处，楚长城有什么意义？有哪些期许？就我们的感观而言，有以下几点体会：

1. 文化意义

鄂陕边界的这段楚长城是秦楚文化交融碰撞的见证，是历史的产物。由于鄂陕之间是春秋战国时期两国的交错之地，因而这段长城既有楚文化特征，也有秦文化特征，两地文化在此相互渗透。这段长城的认定，反映了长城文化的多样性，丰富了长城文化的内涵。

2. 行政区划意义

中国古代在确定区域范围时，一般都是依据自然环境。历朝历代的行政区划大致以鄂陕边界的这段长城作为基础，把鄂陕文化区别开来。从春秋战国以来，鄂陕边界的这段长城利用秀丽高耸的山体峭壁作为延伸，就像一串项链镶嵌在两地交界的山顶上，在天然分界线上形成一道屏障。

3. 建筑意义

鄂陕边界的这段长城以险峻的自然山脉为线，以人工垒制的关城、石寨、石楼为关卡，兵营、哨所等攻防设施构成了一道防卫系统。长城两端的山区有许多石寨，增加了鄂陕之间长城的壮观与文化内涵。白山寨一段的长城堪称精品，具有神奇的色彩。

4. 科技成分分析的意义

鄂陕边界的长城因地制宜，垒石为固。长城采用的石材，相对于其他地区的城墙而言，普遍较小。有些石材近乎于农民开山造田时垒砌的石块。石材基本上是附近的地方搬来的，一般没有经过石匠加工。城墙石块之间没有用于固定的黏结性物质，如黏土。城墙的修建没有太多的科技含量，依山修砌而已。长城的石墙望窗很小，既不便于俯视山下，也不便于射箭，也不便于掷石，是为了美观？还是为了节省石料？这些说明，城墙的修建不太牢固，财力有限，甚至有些草率。

此外，长城的石墙内有填土现象，土方量较大。如何看待这个现象？这些土方是否可以说明古人先造了土城？如果是的，可是，通过试掘，挖了一些土方，又没有见到夯打的迹象。如果是先做石块城墙，后来堆填的土壤，用于夯实，较为可信。长城石墙边的败叶残渣很多，月积日累形成新土层，说明历史悠久。

5. 开发的意义

目前保存的城墙大部分不够雄伟，缺乏观赏性。由于毁坏较多，野树杂草丛生，旅游价值不太，但有探险意义。如果有一支小分队从长城一端徒步走到另一端，将极具挑战性。

建议在竹山县大庙乡一带的长城处修复部分景观，如城墙门、哨台，作为旅游开发。对郧西县的白山寨长城可以重点打造。

长城沿线的山寨是了解历史的活化石，是山野旅游的人文景观，有助于人们探险、攀岩等室外活动。各地稍加修筑，就可以使之成为生态旅游景点。

建议鄂陕豫三地共同开展研究与保护长城的工作。我们在竹山县调查中发现，长城附近碗口般的数十棵大树被人刚刚砍掉，楚地百姓说是陕西农民上山砍的，令人扼腕叹息。长此以往，边界的封山育林难以推行。农民缺乏薪柴，经常上山砍树。建议加快建设沼气，解决农民的燃料问题。同时，尽可能把农民迁出到山外，使植被尽快恢复。鄂陕边界的山区植被状况差强人意，应当加强绿化工作。

总之，由于鄂西北这段长城的空间广阔（横跨两省数县）、时间久远（从先秦到清代）、没有历史文献记载、长城本身的物质结构呈现多样性（田野调查的文化层有若干剖面），使得我们还不能轻率的下结论，还需要学者们进一步研究。

初步的结论：鄂陕边界的长城是一处以春秋战国时期的楚长城为基础的长城，有其独特的形貌与历史演迁，可以冠名为秦楚长城。建议加强对这段长城的保护、研究与开发。

后　　记

　　湖北省长城资源调查工作，始于 2008 年 8 月，从最初史籍研究、收集资料、前期准备、田野调查、考古发掘、资料整理到报告编写，历时五年有余。纵观长城调查的全过程，犹记崇山峻岭中艰难跋涉、汗流浃背；犹记在每一道墙体、每一座关堡、每一栋单体建筑旁的记录、测绘、照相、绘图等工作情境；犹记无数个夜晚，民间走访、整理资料的细致小心；犹记走过的每一个村庄，趟过的每一条溪流，住过的每一间民舍和走访过的每一位老人。这片土地，留下了我们坚实脚印；而每一次思考，每一次交流汇报、聆听方家意见，在认识上不断升华，也留下了我们思想的足迹。

　　本项目是在国家文物局长城项目组的指导下、湖北省文物局的直接领导下完成的一次大有收获的国情资源调查。对于每一位成员来说，亦多了一份历练，无论是艰辛与欢喜，这种感受都是受益匪浅的。而今，本项工作已暂告一段落，每个参与其事的人，都感到无比光荣、自豪。无论是新发现的长城墙体、关堡、单体建筑遗存，还是建立了湖北省长城资源基础数据资料库，都确认并记录了湖北省长城资源的存在，为对湖北省长城资源进行归纳、研究与探索提供了详实的资料。

　　在调查的过程中，自始自终得到了十堰市文物局、十堰市博物馆、竹溪县文体局、竹山县文体局、房县文体局、郧西县文体局、郧县文体局、丹江口市文体局以及各有关乡、镇、村党委、政府的大力配合、协助，并派出工作人员协调食宿、向导、交通、民工等事宜；省文化厅古建筑保护中心主任沈远跃、副主任吴晓、武汉大学考古系余西云教授、华中师范大学王玉德教授、湖北省文物局文物处副处长陈飞数次从百忙之中抽出时间，甘冒严寒酷暑，前往工作一线进行调查研究，给调查队员们加油打气；王吉、李长盈、邓蕴奇、向其芳、王林、祁慧等人，不辞劳苦，始终坚持在调查和整理工作的第一线；方天宇、陈小燕、陈娟、孙雅、姜一公、方若晗、董璇、左志强、张大可、李默然、邓春艳、郑广、向燕青、黎海超、孙卓、陈磊、白占国、熊庆农、尹阳硕、孙甜、张卫萍、向霁、时海静等人也为长城调查工作做出了孜孜不倦的努力，他们都为湖北的长城资源调查工作付出了辛勤劳动。我们在此表示深深的谢意！

　　课题成果、本书各章节具体编写分工为：王吉同志负责章节总策划；初稿的第一部分分别由李长盈（长城地理环境概况）、向其芳（长城资源调查概况）执笔；第二部分分别由向其芳（概述、竹溪、竹山、房县）、祁慧（郧西县、郧县）、李长盈（丹江口市、张湾区）执笔；第三部分（结论）由陈飞执笔；第四部分（附录）由李长盈整理；图版部分由向其芳、李长盈完成绘图和照片整理。

　　初稿完成后，由王吉、李长盈负责总编辑，对各章结构、文字内容做了全面修改和统一；余西云教授、沈远跃主任、吴晓副主任、陈飞副处长、王玉德教授等分别对本书提出了有益的修改意见；最后由湖北省长城资源调查工作领导小组办公室主任：湖北省文化厅古建筑保护中心沈远跃主任审核定稿。

　　由于湖北省长城资源调查项目时空跨度较大、参与人数众多、调查资料复杂，写作过程中难免有所纰漏，希冀广大读者多多指正，帮助我们在今后的相关研究工作中走的更远！

笔者　武昌

2013 年 4 月

图　版

图版一　梓桐垭关（西—东）

图版二　梓桐垭关东北侧石墙（西—东）

图版三　梓桐垭关西南侧石墙（东北—西南）

图版四　梓桐垭关西南石墙北侧坍塌堆积（东北—西南）

图版五　七里寨南敌台（南—北）

图版六　七里寨长城墙体（南—北）

图版七　七里寨北敌台（南—北）

图版八　山堡寨（东南—西北）

图版九　山堡寨南侧（南—北）

图版十　山堡寨东墙外侧（东南—西北）

图版一一　山堡寨第二层高台（北—南）

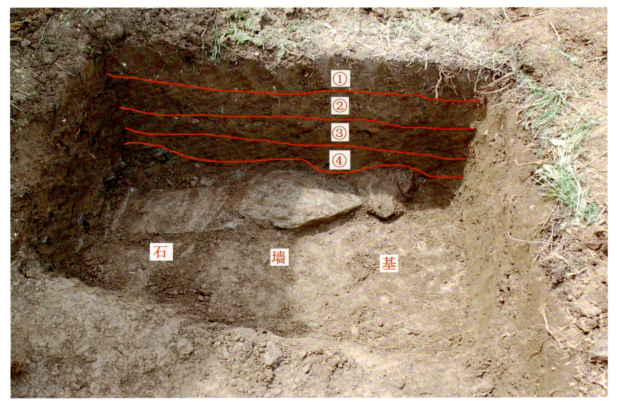

图版一二　山堡寨第一试掘坑

第一试掘坑第②层出土遗物

第一试掘坑第③层出土遗物

第一试掘坑第④层出土遗物

图版一三　山堡寨第一试掘坑内各层出土遗物

图版一四　柳树垭垭口（东—西）

图版一五　柳树垭南段城墙与战壕坑（北—南）

图版一六　关垭瓮城西南（东北—西南）

图版一七　关垭瓮城西墙南端内侧（东—西）

图版一八　关垭东墙北段城墙（西北—东南）

图版一九　关垭瓮城东北（西南—东北）

图版二〇　关垭西墙东北段（东南—西北）

图版二一　关垭瓮城东北段南端（南—北）

图版二二　擂鼓台第二层平台（东南—西北）

图版二三　擂鼓台方形建筑西南石墙（北—南）

图版二四　擂鼓台方形建筑东北石墙（西南—东北）

图版二五　胡光梁子（东—西）

图版二六　王家沟南段城墙北端（北—南）

图版二七　王家沟南段城墙南端（东—西）

图版二八　老龙寨寨门东墙（西南—东北）

图版二九　老龙寨寨门西墙（南—北）

图版三〇　老龙寨东墙（南—北）

图版三一　三里沟关（东—西）

图版三二　三里沟铺房（东北—西南）

图版三三　三里沟东段城墙（东—西）

图版三四　三里沟西段城墙（南—北）

图版三五　铁炉沟关（东北—西南）

图版三六　铁炉沟长城（东—西）

图版三七　铁炉沟东南段城墙女墙南侧（西—东）

图版三八　铁炉沟长城女墙（西—东）

图版三九　铁炉沟西段城墙与射孔（北—南）

图版四〇　梭子沟关（南—北）

图版四一　梭子沟敌台（南—北）

图版四二　梭子沟铺房（南—北）

图版四三　"万古千秋"功德碑

图版四四　"万古流芳"功德碑

图版四五　梭子沟南段城墙（北—南）

图版四六　梭子沟南段城墙女墙与射孔（西南—西北）

图版四七　梭子沟西北段城墙（北—南）

图版四八　蚂蝗沟关（北—南）

图版四九　蚂蝗沟敌台（西南—东北）

图版五〇　蚂蝗沟西南段城墙（东北—西南）

图版五一　蚂蝗沟东北段城墙（南—北）

图版五二　浬泗沟西段城墙（北—南）

图版五三　浬泗沟东段城墙（东—西）

图版五四　二虎寨东门（东—西）

图版五五　二虎寨铺房（南—北）

图版五六　二虎寨东墙南段（西—东）

图版五七　二虎寨西寨门（西南—东北）

图版五八　二虎寨西墙东段（西—东）

图版五九　西寨门西墙（南—北）

图版六○　得胜镇界岭垭

图版六一　两省寨东墙（南—北）

图版六二　两省寨东寨门（西南—东北）

图版六三　两省寨西寨门（东南—西北）

图版六四　两省寨西北寨门外侧（北—南）

图版六五　天宝寨东寨门

图版六六　天宝寨南墙东部（西—东）

图版六七　娘娘庙正面图

图版六八　娘娘庙内正壁凤凰图

图版六九　娘娘庙西南石高台

图版七〇　皇城山土城（东南—西北）

图版七一　皇城山土城东墙内侧（西南—东北）

图版七二　皇城山校场坝（西北—东南）

图版七三　秦王寨石门（东北—西南）

图版七四　秦王寨石门西北墙与门闩孔（东南—西北）

图版七五　秦王寨北侧第二层平台入口（北—南）

图版七六　秦王寨东墙外侧（东—西）

图版七七　秦王寨铺房（北—南）

图版七八　秦王寨石墙（1）

图版七九　秦王寨石墙（2）

图版八〇　清安寨寨门

图版八一　清安寨东侧石墙（北—南）

图版八二　清安寨山顶石墙（南—北）

图版八三　白山寨第一段石墙（东北—西南）

图版八四　白山寨石墙第二段的登城步道（西南—东北）

图版八五　白山寨石墙第二段垛口（西南—东北）

图版八六　白山寨石墙第三段少量坍塌（西南—东北）

图版八七　白山寨石墙第三段马道（西南—东北）

图版八八　白山寨第四段石墙（东北—西南）

图版八九　白山寨石墙第五段远观（西南—东北）

图版九〇　小寨子关堡前门门墙（北—南）

图版九一　小寨子关堡门墙（西南—东北）

图版九二　小寨子关堡南墙（北—南）

图版九三　小寨子关堡南墙（南—北）

图版九四　香炉寨第一烽火台（西南—东北）

图版九五　香炉寨第二烽火台（南—北）

图版九六　香炉寨罗城（西北—东南）

图版九七　香炉寨罗城瞭望孔（东北—西南）

图版九八　铜锣寨山脊上陡峭的山路（1）（北—南）

图版九九　铜锣寨山脊上陡峭的山路（2）（西—东）

图版一〇〇　铜锣寨仅存墙基的石墙（东—西）

图版一〇一　铜锣寨山腰围堰造地和陡峭的山峰（北—南）

图版一〇二　寨山石门远眺（东南—西北）

图版一〇三　寨山石门近景（东南—西北）

图版一〇四　寨山东部石墙（1）（南—北）

图版一〇五　寨山东部石墙（2）（南—北）

图版一〇六　寨山石墙东北角远眺（东北—西南）

图版一〇七　寨山北部石墙（东—西）

图版一〇八　寨山西墙（1）（北—南）

图版一〇九　寨山西墙（2）（南—北）

图版一一〇　寨山南墙（东北—西南）

图版一一一　寨山山神庙旁的石碑

图版一一二　五虎寨东寨护坡（南—北）

图版一一三　五虎寨东寨起点

图版一一四　五虎寨山顶石墙外的景观（西—东）

图版一一五　五虎寨蜿蜒的石墙（第五寨山顶，南—北）

图版一一六　五虎寨东寨山顶石墙（西南—东北）

图版一一七　五虎寨东寨石墙沿线（终点处拍，东北—西南）

图版一一八　五虎寨试掘剖面（可以看出分层现象）

图版一一九　五虎寨残破的石墙仅剩墙基

图版一二〇　牛头山西部石墙（左：西南—东北、右：东北—西南）

图版一二一　老虎寨石墙（东—西）

图版一二二　老虎寨石墙（西—东）

图版一二三　牛头山东部石墙铺房试掘情况（西南—东北）

图版一二四　牛头山石门（西北—东南）

图版一二五　牛头山长城试掘的层位关系（东北—西南）

图版一二六　牛头山西部石墙铺房试掘情况（东北—西南）

图版一二七　牛头山西部石墙铺房试掘情况

图版一二八　牛头山土墙（东北—西南）

图版一二九　潘家寨敌台（东—西）

图版一三〇　潘家寨石门（西北—东南）

图版一三一　潘家寨主寨瞭望孔（西南—东北）

图版一三二　潘家寨垛口（西—东）

图版一三三　潘家寨主墙（西北—东南）

图版一三四　潘家寨主墙和瓮城门墙（左：东南—西北、右：西北—东南）

图版一三五　红岩寨西部石门、石墙（西北—东南）

图版一三六　俯瞰红岩寨西门、墙（南—北）

图版一三七　红岩寨西墙顶部"嘉庆五年"字样

图版一三八　红岩寨石墙排列整齐的条石（西—东）

图版一三九　红岩寨西门（东—西）

图版一四〇　红岩寨垮塌的南门（西北—东南）

图版一四一　红岩寨东门及门墙（左：东—西、右：南—北）

2010年5月21日，国家长城项目组及相关领导、专家视察关垭遗址

2009年10月31日，湖北长城资源调查组铁炉沟关工作现场合影